Rudolf Reiser
Die Kelten in Bayern

W0245012

Rudolf Reiser

DIE KELTEN IN BAYERN

rosenheimer

Inhalt

Vorwort

Wer hat sich schon Gedanken darüber gemacht, daß das zunächst höchste Fest der Jungfrau Maria (Mariä Geburt) in das Sternbild der Jungfrau fällt, daß das Fest des vor allem im Mittelalter mit der (Seelen-) Waage abgebildeten Erzengels Michael im Sternbild der Waage liegt oder daß man das Auferstehungsfest des Heilands, des Lammes Gottes, im Sternbild des Widders feiert?

Zufall? Nein, die bedeutendsten Feiertage des Christentums werden während der Missionierungsphase systematisch auf die zwölf Tierkreiszeichen verteilt.

Die Heiligen, die in besonderem Maße mit den Himmelszeichen korrespondieren, sind Georg, Margarethe, Christoph, Maria, Michael und Katharina. Von ihnen hängen Hinterglasbilder zum Teil bis heute in den bayerischen Wirts-, Bauern- und Stadthäusern. Ihnen sind im Mittelalter auch die meisten Kirchen zwischen Alpen und Aschaffenburg geweiht. Darüber hinaus haben Ostern, Pfingsten, Weihnachten, Mariä Lichtmeß und Petri Stuhlfeier ebenfalls markante Beziehungen zu den Tierkreiszeichen.

Kenntnisse von den Sternzeichen, die rund dreitausend Jahre bekannt sind, haben in unseren Breiten auch die Kelten, von denen hier berichtet wird. Es ist dies ein Volk mit phantastischen und barbarischen Eigenschaften, ein Volk, das bayerisches Leben bis heute prägt. Da bei ihnen Lesen und Schreiben strengstens verboten sind, gibt es von ihnen keine unmittelbaren schriftlichen Zeugnisse.

Allerdings wird uns die Rekonstruktion ihrer Welt durch zwei Tatsachen erleichtert. Einmal lebt die Sprache der Kelten heute noch in der Bretagne, in Wales, Schottland und Irland fort. Die Wörterbücher aus diesen restkeltischen Regionen gehören heute zwar zu den Raritäten auf dem europäischen Buchmarkt. Mit ihrer Hilfe aber kann man so manches keltische Phänomen in Bayern und anderswo erklären. So ist etwa die keltische Mythologie mit Hilfe von Sprachvergleichen recht eindeutig zu determinieren.

Zum zweiten lassen sich die Aussagen der antiken Geographen, Historiker und Dichter und die über eine Million Tonscherben und Tierknochen, Geldstücke und Glasperlen, Waffen und Werkzeuge, die in der bayerischen Erde gefunden werden, wie Mosaiksteinchen zu einem aussagekräftigen Bild zusammensetzen. Danach

– wohnen die Einheimischen in Städten und Burgen ebenso wie in »überaus schwer zugänglichen Schlupfwinkeln«

– haben viele Menschen Kröpfe

– vertreibt man sich die Zeit mit Würfelspiel

– importieren die Bewohner italienischen Wein

– braut man Starkbier

– essen die Menschen unter anderem Rindsbraten und eingesalzenes Schweinefleisch

– werden Ärzte konsultiert, deren Geräte und Bestecke sich zum Teil als Grabbeigaben erhalten haben

- hält man Menschenfleisch für eine wirksame Medizin
- wird Fasching gefeiert
- schmücken sich die Frauen mit Glasperlen, bunten Armringen und weiterem sehr kostbarem Geschmeide
- verfertigt man auf der Töpferscheibe Gefäße und Schalen, die heute noch bestaunt werden
- arbeitet man mit über zweihundert Werkzeugtypen
- wird ein umfangreicher Handel getrieben, der sich bis Kleinasien erstreckt
- gebraucht man Wörter (zum Beispiel für Pferd, Hahn, Vater, Mensch usw.), die bis in unser Jahrhundert im bayerischen Dialekt weiterleben
- verehrt man Götter, deren Eigenschaften und Patronatsfunktionen die drei göttlichen Personen in der Trinität und die Heiligen übernehmen
- glaubt man an ein Leben nach dem Tod
- töten die Priester in heiligen Hainen Menschen und bringen sie als Opfer dar
- werden bei Opferhandlungen Kultpfähle nach Art der Maibäume gesetzt.

Geschichte eines großen Volkes

Knapp fünf Milliarden Jahre, so errechnen Wissenschaftler, ist das Erde-Mond-System alt. Vor knapp 500 000 Jahren, also rund 4 999 500 000 Jahre nach der Entstehung der Erde, ist in Europa der erste Mensch nachzuweisen. Es handelt sich um einen rund zwanzigjährigen Mann, dessen Überreste im März 1980 bei Perpignan in Frankreich gefunden werden.

Seit einer halben Million Jahre ist also Europa schon von Menschen bewohnt. Setzt man diese Zeit in Relation zum Ablauf eines Jahres, um ein einprägsames wie vielverwendetes Beispiel heranzuziehen, so beginnt die christliche Zeitrechnung erst am 30. Dezember um die Mittagsstunde.

Rund 100 000 Jahre jünger als der »erste Europäer« ist der Homo Heidelbergensis (1907 bei Heidelberg gefunden), der »erste Deutsche«. Der Neandertaler ist dagegen »nur« 100 000 Jahre alt.

Diese drei Alt- beziehungsweise Frühmenschenformen leben im Alt- und Mittelpaläolithikum. Erst in der Jungsteinzeit, die bis etwa 2 000 vor Christus reicht, erscheint der Jetztmensch (Homo sapiens sapiens). Es ist die Epoche, in der unter anderem bei Neuessing/Kelheim Jägerhorden leben und Mammuts gezeichnet werden. Bei Mauern im Landkreis Neuburg-Schrobenhausen werden die ersten Menschendarstellungen angefertigt, bei Nördlingen entdeckt man Kopfbestattungen, bei Tiefenellern im

Landkreis Bamberg sind junge Frauen die Opfer religiöser Zeremonien.

Auf die Steinzeit folgen zunächst Bronze- und schließlich die Eisenzeit. Die Eisenzeit wiederum gliedert sich in die Hallstattzeit (nach den Gräbern in Hallstatt/Österreich so benannt) und in die Keltenära. Gerade über diese beiden Epochen können die Archäologen mit jeder Ausgrabung zuverlässigere Aussagen machen: So glauben unsere Ahnen vor der Zeitenwende an ein Weiterleben nach dem Tod; die Gesellschaft teilt sich in Ober- und Unterschichten; Schmuck und Gebrauchsgegenstände verraten eine handwerkliche Geschicklichkeit.

Mehr und mehr reden die Archäologen auch von einer Siedlungskontinuität in der Eisenzeit. Der Vergleich vieler Einzelfunde ermuntert sie zu der Annahme, daß zwischen dem Ende der Hallstatt- und dem Beginn der Keltenzeit »ein Bevölkerungswechsel nach dem bisherigen Stand der Forschung kaum anzunehmen ist« (Hans-Jörg Kellner).

Tatsächlich kann man seit kurzem zwei sehr wichtige Indizien für diese These anführen. So entdeckt 1982 der Luftbildarchäologe und ehemalige Luftwaffenoffizier Otto Braasch im Münchner Stadtteil Langwied einen Hof aus der Hallstattzeit, in dessen Nordostecke ein Heiligtum der Kelten integriert ist (siehe Abbildung). Dann sind in diesem Zusammenhang vor allem noch die Bestattungen der frühen Kelten in hallstattzeitlichen Grabhügelfeldern zu nennen, wie beispielsweise in Stadtbergen/Leitershofen in Schwaben. Auch sie können »als Hinweis auf die Kontinuität vom Übergang der Hallstattzeit in die frühe Latènezeit gedeutet werden« (Otto Schneider im »Archäologischen Jahr in Bayern 1982«).

Latènezeit ist heute der Fachausdruck für die Keltenepoche, so genannt nach dem bedeutenden Fundort La Tène in der Schweiz. Ihren Anfang nimmt diese Ära nach der Definition der Vorgeschichte um 500 vor Christus.

500 vor Christus, das ist eine Zeit, in der Hammurabi von Babylonien schon fast 1 200 Jahre tot ist, Nofretete von Ägypten schon über 800 Jahre. In Griechenland beginnt eben die Epoche, in der Sophokles (497-406), Euripides (480-406) und Sokrates (469-399) tätig werden und die europäische Kultur begründen.

Herodot von Halikarnaß (484-425), der »Vater der Geschichte«, wie ihn Cicero später nennt, versucht sich an einer ersten Beschreibung des europäischen Kontinents. Im Norden des Erdteils, so erzählt er, würden Zinn, Bernstein und viel Gold gewonnen, das von einem Drachen bewacht werde. So gibt er Erzählungen seiner Zeitgenossen wieder.

Die Menschen »in den kalten Gegenden Europas« beschreibt Aristoteles (384-322). Sie sind nach seinen Angaben »zwar voll Mut, aber weniger mit Denkvermögen und Kunstfertigkeit begabt«. Aus diesem Grund »behaupten sie zwar leichter ihre Freiheit, aber sie sind zur Bildung staatlicher Gemeinwesen untüchtig und nicht fähig, die Herrschaft über Nachbarvölker zu gewinnen«.

Speziell über die nördlich der Alpen liegenden Gebiete sagen die beiden Gelehrten nichts. So lassen sich über die frühe Keltenzeit nur aus dem Dunkel der Gräber ein paar Aussagen machen.

Wie Ausgrabungen zeigen, gebraucht man von dieser Zeit an mehr Eisen. Gleichzeitig lernt man, auf der Töpferscheibe Geschirr herzustellen. Die religiösen Vorstellungen bleiben aber anscheinend die gleichen. Nach wie vor ist der Stier ein Symbol für einen starken Gott.

Während in der Hallstattzeit (um 750 bis 500), den Verstorbenen noch Wagen und Pferdegeschirr beigegeben werden, hört dieser Brauch um 500 auf.

Im übrigen scheint auch im Bestattungsritus eine gewisse Kontinuität zu herrschen. Nach wie vor werden die Toten in Grabhügeln beerdigt. Unter anderem sind uns solche Hügelgräber vor allem im nordbayerischen Raum bekannt, so in Parsberg, Schmidmühlen bei Burglengenfeld, Kümmersbruck bei Amberg, Dürn bei Parsberg und Höfen bei Weißenburg.

Aber nicht nur diese Gräber erlauben Rückschlüsse auf die Zeit um 500. Auch Bronzefibeln, die in Riekofen bei Regensburg gefunden werden, ein Tonbecher vom Kallmünzer Schloßberg, Linsenflaschen aus Atzbricht bei Amberg und eine Tonflasche mit eingeritzten Tierpaaren (Hirsch, Reh, Wildschwein, Gans, Hund), die im Grabhügel von Matzhausen bei Parsberg freigeschaufelt wird, sind Delikte aus einer Epoche, von der es keinerlei schriftliche Überlieferung gibt.

Spärlich sind auch die Nachrichten über die Kelten im allgemeinen. Lediglich griechische und römische Schriftsteller geben uns einige wenige Hinweise. So erzählt der griechische Geschichtsschreiber Timagenes, der 55 vor Christus als Kriegsgefangener nach Rom kommt und dort eine vielbe-

13

achtete Weltgeschichte schreibt, daß sich die Kelten nach einem beliebten König nennen. Die Griechen aber, so fährt Timagenes fort, sagen zu den Kelten – nach dem Namen der Mutter jenes historisch nicht nachweisbaren Königs – Galater. Heute noch lebt dieser Name weiter in den geographischen Bezeichnungen Gallien, Portugal(l), Senegallia und Gall, wie noch einige Orte in Bayern heißen.

Nach anderen Berichten handelt es sich bei den Kelten um ein »Urvolk«, das im Laufe der Jahrhunderte Stämme von fernen Inseln im Meer und von Germanien mit aufgenommen haben soll. Dies erzählt der römische Schriftsteller Ammianus Marcellinus, der am Ende des vierten nachchristlichen Jahrhunderts schreibt und zu den größten Historikern des Altertums zu zählen ist.

Um 400 vor Christus ist das Volk der Kelten jedenfalls innerlich so gefestigt, dazu militärisch mit Eisenwaffen aus- und aufgerüstet, daß es 396 einen Feldzug nach Italien wagen kann.

»Gleich bei ihrem ersten Einfall«, so schreibt der griechische Philosoph und Historiker Plutarch (um 50 - um 125), »bemächtigten sie sich des ganzen Landes, das seit alters die Etrusker innehatten und das von den Alpen bis zu den beiden Meeren reicht«.

Als die Kelten gefragt werden, was ihnen die Etrusker getan hätten, antwortet der Keltenkönig Brennus, er gehorchte »nur dem ältesten aller Gesetze, welches dem Stärkeren das Gut der Schwächeren gibt, beginnend bei dem Gott und endigend bei den Tieren«. So jedenfalls erzählt es Plutarch.

Derselbe Brennus setzt dann zum Marsch nach

14

Rom an. Am 18. Juli 387 vor Christus schlägt er an der Allia, 15 Kilometer nördlich von Rom, das Heer der Römer und Latiner. Wenig später wird die Hauptstadt eingenommen und niedergebrannt. Erst nach dem sich die Besiegten bereitgefunden hatten, ein Lösegeld zu zahlen, ziehen die Kelten mit großer Beute wieder ab.

Dieser siegreiche Italienfeldzug erschüttert ganz Mitteleuropa. Die Auswirkungen sind insbesondere auch in Bayern zu spüren.

Genau zu dieser Zeit verlassen nämlich die einheimischen Kelten ihre befestigten Höhensiedlungen in Nordbayern auf Bergen und Höhenzügen bei Kallmünz, Sulzbürg, Staffelstein, Kirchehrenbach/ Forchheim, Happurg und Volkach, um neue Siedlungsorte zu gründen. Gleichzeitig hören sie auf, ihre Toten in Grabhügeln zu bestatten, wie dies in der Hallstattzeit üblich ist.

Rätselhaft ist aber, warum gerade in dieser Zeit alltägliche Dinge in Bayern nicht mehr so gewissenhaft erledigt werden wie vor dem Italienfeldzug des Brennus. So haben die Archäologen festgestellt, daß in der Zeit nach der Einnahme Roms die Qualität der Töpferarbeiten aus keltischen Werkstätten schlagartig nachläßt. Eventuell ist der Grund dafür in dem aufwendigen Italienfeldzug zu suchen.

Um 300 vor Christus brechen die Kelten dann in Kleinasien ein und nehmen von nun an als Galater, denen der heilige Paulus in den fünfziger Jahren des ersten nachchristlichen Jahrhunderts einen ausführlichen Brief schreibt (Galaterbrief des Neuen Testaments), feste Wohnsitze im Land südlich des Schwarzen Meeres ein.

Auch dieser Feldzug zieht tiefgreifende Veränderungen in Bayern nach sich. Das Kunsthandwerk blüht jetzt auf. Auf der Töpferscheibe werden wahre Wunderdinge vollbracht. Die Glasverarbeitung erhält neue Impulse, Glasperlen und bunte Armringe aus glasähnlichem Material werden hergestellt.

In München-Moosach findet man Bronzeringe aus dieser Zeit. Weitere Schmuckstücke stammen aus Egglfing in Niederbayern, aus Klettham (Stadtteil von Erding) und Kelheim.

Um 220 bricht dann der Keltenkrieg in Oberitalien aus. Wie uns der aus Amaseia in Kleinasien stammende Geograph Strabo (um 63 vor Christus – 19 nach Christus) mitteilt, schlagen die Römer die Boier und Insubrer, zwei Keltenstämme, die das Land südlich des Po schon lange beherrschen.

Ihre bedeutendsten Orte sind Bononia, das heutige Bologna, und Mediolanum, das heutige Mailand, das denselben Namen trägt wie eine Siedlung in Bayern oder in dessen Umkreis, wie wir von dem in Alexandria in Ägypten lebenden Geographen, Astronomen und Mathematiker Claudius Ptolemäus (um 85 – um 160) wissen. Mediolanum ist ebenso ein keltischer Name wie Bononia.

Die Gallia cisalpina mit diesen beiden Orten wird nun zwischen 225 und 190 vor Christus von den Römern bekriegt. Die Boier, die nach dem Bericht des von Plutarch erwähnten Dichters Simylos schon zur Zeit des Romulus eine Rolle in Rom spielen und deren König um die Hand einer jungen, geld- und goldgierigen Römerin wirbt, müssen im Jahr 190 Oberitalien räumen. Danach finden wir sie nur noch nördlich der Alpen, worauf aber später noch eingegangen wird.

In Bayern herrscht um die Zeit der Vertreibung der Boier aus Oberitalien auch keine Ruhe. Überall im Land werden große Burgen und Befestigungsanlagen gebaut, besonders in Nordbayern. Die Bedrohung muß also von Norden kommen, so darf man vermuten. Daß es tatsächlich so ist, verraten uns einige geographische Namen, die uns vor allem Ptolemäus aus Alexandria überliefert.

Um diese Namen übersetzen und damit ihre ursprüngliche Bedeutung ergründen zu können, braucht man Lexika der letzten in Europa noch existierenden keltischen Sprachen. Da sich in der Bretagne, in Wales und Schottland keltisches Sprachgut einigermaßen rein bis auf unsere Tage erhalten hat, sind Wörterbücher aus diesen keltischen Sprachinseln, mit entsprechender Vorsicht gebraucht, für diese Untersuchung ein wertvolles, ja unentbehrliches Hilfsmittel. Mit ihnen kann man mit einiger Wahrscheinlichkeit die geographischen Angaben richtig interpretieren.

Danach ergibt sich, daß der Norden Bayerns ein Verteidigungsgürtel der Kelten sein dürfte. Der Harz scheint dabei die Nordlinie des keltischen Siedlungsraumes zu sein. Der Name jedenfalls ist wohl keltischen Ursprungs (bretonisch harz = Grenze).

Der Staffelberg, den Ptolemäus »Menosgada« nennt, bedeutet wahrscheinlich »Wachberg« (bretonisch menez = Berg, ged = Wache), das in der Nähe liegende Bergium, ein uns unbekannter Ort oder Berg, kommt möglicherweise von »bir« (bretonisch bir = Spitze, Pfeil). »Devona«, nach Ptolemäus westlich vom Staffelberg gelegen, heißt übersetzt »Wehr« (bretonisch divenn = Wehr).

Aber auch im Innern des Landes errichten die Kelten große Wehranlagen. So werden im mittelbayerischen Raum Manching und Kelheim und im Voralpenland Fentbach ausgebaut und befestigt. Größere Burgen in den Alpen sind uns dagegen nicht bekannt.

Von wem nun fühlen sich die Bewohner des Landes bedroht? Die Antwort gibt uns der griechische Schriftsteller Plutarch. Er berichtet nämlich vom Zug der Kimbern und Teutonen nach dem Süden. Beide Stämme wohnen ursprünglich an der Nordsee, »in einem schattigen, waldreichen Lande voll tiefer und dichter Wälder, welche die Sonne kaum durchdringen könne«.

Mit den Kelten scheinen vor allem die Teutonen einige Gemeinsamkeiten zu haben. So ist den Schriften Plutarchs auch zu entnehmen, daß sich vor allem Sitten und Kulthandlungen beider Völker ähneln. Der Schriftsteller Cassius Dio (um 155-235) behauptet sogar, daß Kelten und Germanen ein und derselben Volksgruppe angehören, wie seinem Werk »Historia Romana« zu entnehmen ist. Doch diese These wird von seinen Zeitgenossen nicht geteilt.

Wie dem auch sei, jedenfalls verlassen um 120 vor Christus die Teutonen zusammen mit den »räuberischen und herumschweifenden Kimbern«, wie sich Strabo ausdrückt, ihre Heimat und ziehen in Richtung Italien. Noch in Norddeutschland trennen sie sich. »Auf die Kimbern fällt das Los, von Norden her durch Norikum (östlich von Bayern) zu marschieren und dort den Zugang nach Italien zu erzwingen«, schreibt Plutarch.

Doch schon mit den in Bayern wohnenden Kelten haben die Kimbern große Schwierigkeiten, erzählt der in Rom tätige griechische Universalgelehrte Poseidonios (um 135-51), ein Weltenbummler, der zum Zeitpunkt der Kämpfe etwa zwanzig Jahre alt ist.

Wie Poseidonios, der auch die Abhängigkeit der Gezeiten vom Mond lehrt, weiter berichtet, weichen die Kimbern deshalb nach Westen aus, ziehen zunächst zu den Helvetiern, »einem geldreichen, aber friedlichen Volke« (Strabo), und von dort aus nach Italien.

Bei ihrem Versuch, ins nördliche Bayern vorzudringen, kommt es zu ersten schweren Zusammenstößen zwischen Kelten und Germanen, wie man aus den Schilderungen des griechischen Gelehrten schließen kann. Den keltischen Kriegsgefangenen ist ein schlimmes Los beschieden. Strabo berichtet, im Troß der Kimbern gebe es »weissagende Priesterinnen mit grauen Haaren, weißen Gewändern, feinleinernen, durch eine Spange befestigten Oberkleidern, ehernen Gürteln und nackten Füßen«. Diese Frauen gehen »den Gefangenen im Lager mit gezückten Schwertern entgegen, bekränzen sie und führten sie bis zu einem ehernen Opferkessel«. Dort halten sie den Gefangenen die Köpfe über den Kelch und schneiden ihnen die Kehle durch. »Aus dem in den Kessel strömenden Blut aber sagen die Priesterinnen wahr«, schreibt Strabo.

Auch in Italien verbreiten die Eindringlinge Angst und Schrecken. Wie Plutarch berichtet, wollen sie »den fruchtbarsten Teil Italiens« in Besitz nehmen und dann Rom dem Erdboden gleichmachen. 300 000 Mann stehen zur Invasion bereit. Plutarch schreibt: »Was an ihrem Weg lag, fiel ihnen als sichere Beute zu, und viele große Römerheere, welche die gallische Provinz jenseits der Alpen beschützen sollten, waren mitsamt ihren Führern schmählich geschlagen worden. Dieser schwächliche Widerstand vor allem hatte den Strom der Barbaren nach Italien gelockt.«

Freilich, diesmal siegen die Römer noch über die Nordvölker, die reihenweise niedergemetzelt werden. »Nie haben sich die Raben an größere Leichen herangemacht«, schreibt Decinius Iunius Iuvenalis (um 58-140) in seinen »Satiren«. Allerdings bleibt die Furcht der Römer vor den Völkern jenseits der Alpen weiterhin bestehen. Man erzählt auch nach dem glänzenden Sieg noch viel von ihrer Stärke und Angriffslust.

Mit keltischer Ausdauer und Zähigkeit bekommt es Gaius Iulius Caesar (100-44) dann sechzig Jahre später zu tun. Er schildert in seinem Kriegsbericht »De bello Gallico« nicht nur die geographischen und ethnischen Verhältnisse zu beiden Seiten des Rheins und Mains (»weder der Boden noch die Lebensart in Germanien ist mit der in dem Land der Kelten zu vergleichen«), er geht auch ausführlich auf die langen und beschwerlichen kriegerischen Auseinandersetzungen mit den Kelten in Gallien ein.

58 vor Christus beginnt Caesar mit seinen aufreibenden Feldzügen. Er siegt zunächst bei Bibracte über die Helvetier, die seiner Meinung nach »tapferer als die übrigen Kelten sind«.

Dann geht es gegen Ariovist, den Heerführer der germanischen Sueben, der gegen die Römer rüstet. Wie Cassius Dio andeutet, sind in die Auseinandersetzungen auch die östlich des Rheins wohnenden Völker verwickelt. Er meint, »daß die Kelten teils schon über den Rhein gesetzt haben, um Ariovist zu helfen, teils sich dicht am Fluß gesammelt haben«.

Da Cassius Dio nicht zwischen Kelten und Germanen unterscheidet, ist unklar, ob sich dem Ariovist stammesverwandte Germanen anschließen oder im heutigen Baden-Württemberg und Bayern ansässige Kelten.

Nach der Darstellung Caesars sind es Germanen. Andererseits mögen durchaus abenteuerlustige Kelten zu seinem Heer stoßen. Sie sind ja in Süddeutschland – von Noricum bis zum Rhein – zu Hause, was insbesondere den Schriften des großen römischen Historikers Publius Cornelius Tacitus (um 55 – um 120) zu entnehmen ist. Wie dem auch sei, jedenfalls wird Ariovist im Jahr 58 bei Mühlhausen im Elsaß besiegt.

57 vor Christus unterwirft Caesar die belgischen Stämme und kämpft in der Bretagne, im Jahr darauf besetzt er Aquitanien. 55 vor Christus wagt er sich das erstemal über den Rhein und über den Kanal nach Britannien. 54 erfolgt eine zweite Fahrt übers Meer.

In diesem Jahr hat Caesar bereits mit dem ersten großen Aufstand der Gallier zu kämpfen, der sich 53, in dem Jahr, in dem er ein zweitesmal den Rhein überquert, noch ausweitet. 52 kämpft er dann gegen die Kelten, die sich unter der Führung des Vercingetorix zusammenschließen und gegen ihn rebellieren.

Er besiegt die Feinde bei Alesia und kann im achten Kriegsjahr ganz Gallien erobern.

Die Kelten in Gallien sind damit unterworfen, nicht aber die in Bayern. Hier wohnen unter anderem die Boier, die Vindeliker und Noriker. Die Vindeliker, die den schwäbischen Teil Süddeutschlands einnehmen, teilen sich wieder in vier Stämme auf. Es sind dies die Consuaneten, Rukinaten, Likatier und Catenaten.

Das Siedlungsgebiet der Likatier, die Strabo zu den »kecksten unter den Vindelikern« zählt, dürfte das Lechgebiet zwischen Augsburg und Alpen sein. »Licius« heißt bei den Kelten der Lech. Der Zusammenhang zwischen dem Namen des Flusses und des Stammes ist also unverkennbar. Hauptort der Licatier ist Damasia, der heutige Auerberg, wie später noch ausführlich dargestellt wird.

Jenseits des Inns, also im äußersten östlichen Teil des heutigen Bayern sind die Noriker zu Hause. Ihr Gebiet reicht weit in das heutige Österreich; ihre bedeutendste Stadt auf bayerischem Gebiet ist Seebruck am Chiemsee. Im Österreichischen liegen nach Aussagen von Ptolemäus noch Teurnia und Aguntum, die in der Frühphase der Christianisierung eine große Rolle spielen.

Den dritten großen keltischen Stamm bilden die Boier. Auf sie wird im Schlußkapitel (Die Stammesfrage) noch besonders eingegangen.

Die Landkarte Bayerns zur Keltenzeit

Von Bergen und Burgen

Die keltischen Stämme wohnen in Bayern in »vielen Städten und Burgen«, aber auch »auf dem flachen Lande, in Wäldern und unzugänglichen Moorlandschaften«, wie der römische Historiker Velleius Paterculus 30 nach Christus andeutet. Namen von Städten und Befestigungen nennt er allerdings nicht.

Davon überliefert uns allerdings sehr viele Ptolemäus. Da dieser mit Längen- und Breitengraden arbeitet, kann man eine Landkarte zeichnen, die freilich nicht exakt ist, aber doch Rückschlüsse auf die keltische Besiedlung Bayerns erlaubt. Ptolemäus nennt als Städte in Vindelikien: Artobriga (Manching), Boiodurum (Passau), Augusta Vindelicum (Augsburg), Karrodunum (Scharnitz), Abodiacum (Epfach), Cambodunum (Kempten) und Medullum (Fentbach?), als Städte zur Donau hin: Alkimoenis (Kelheim), Prondentia (?) und Kalamantia (Kallmünz), als Städte in Germanien: Devona (Schwanberg), Menosgada (Staffelberg), Marobudum (Houbirg?) und Meliodunum (Gelbe Bürg).

Ergänzt man die Ortsliste des Ptolemäus um die Angaben Strabos, dieses weit in der Welt herumgereisten Geographen, und anderer Quellen aus der römischen und nachrömischen Epoche, so läßt sich eine erstaunlich exakte Karte von Bayern um Christi Geburt anfertigen (vgl. Abb. S. 24-25).

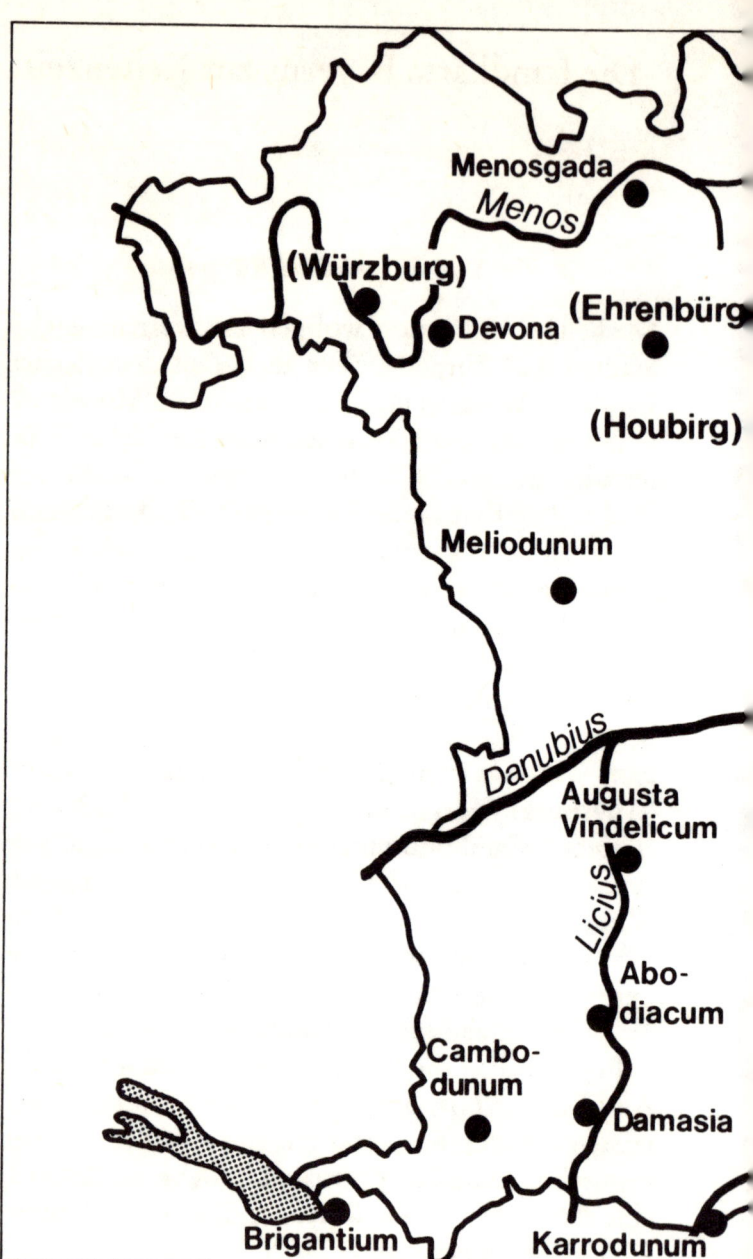

Menosgada

Menos

(Würzburg)

Devona

(Ehrenbürg

(Houbirg)

Meliodunum

Danubius

Augusta
Vindelicum

Licius

Abo-
diacum

Cambo-
dunum

Damasia

Brigantium

Karrodunum

24

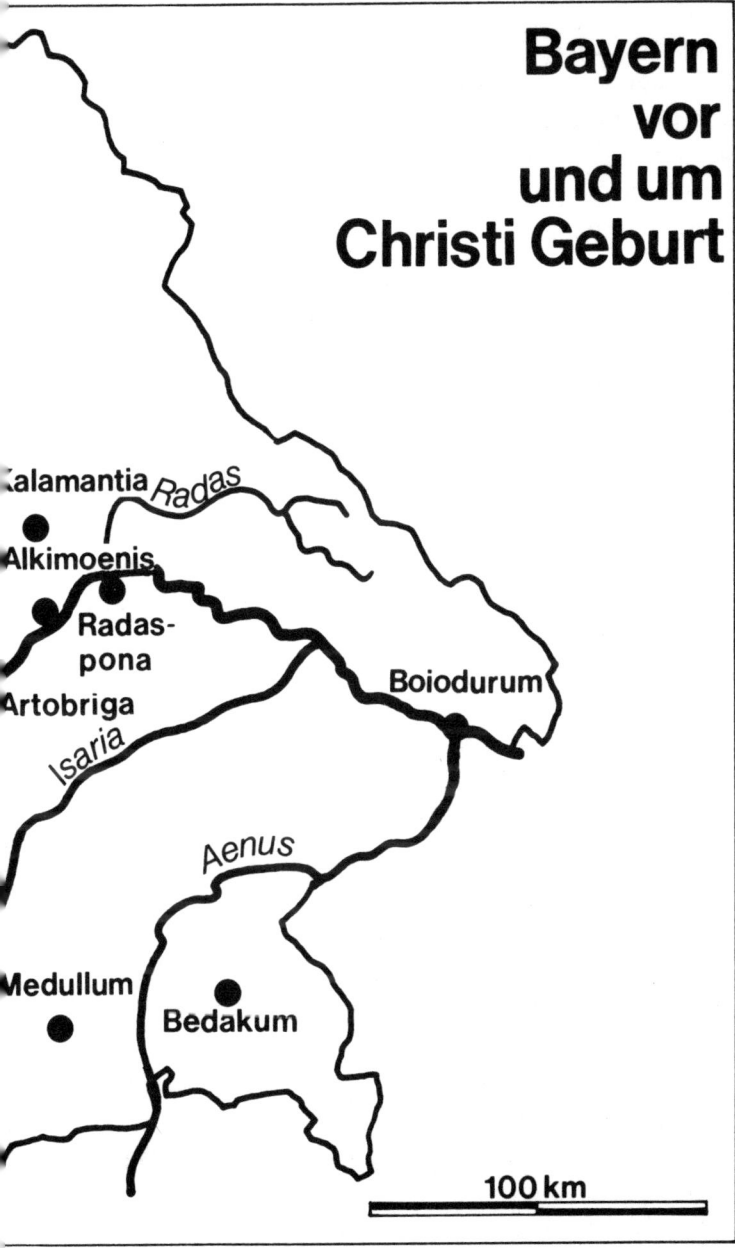

Bayern vor und um Christi Geburt

Kalamantia
Radas
Alkimoenis
Radas-pona
Artobriga
Isaria
Boiodurum
Aenus
Medullum
Bedakum

100 km

Hinsichtlich der Burgen und Berge, die in der Keltenzeit in Bayern bewohnt werden, ist unser Wissensstand sehr unterschiedlich. Vor allem von jenen Orten, in denen größere Grabungen durchgeführt werden, kann man teilweise exakte Beschreibungen abgeben.

Artobriga – Manching

Die bedeutendste unter den bisher entdeckten keltischen Städten in Bayern (nach der Definition Caesars ein »oppidum«) ist Manching südlich von Ingolstadt. Es ist aller Wahrscheinlichkeit nach das von Ptolemäus genannte Artobriga. Aus den genannten Wörterbüchern läßt sich kombinieren, daß dieser Name soviel wie »Starke-Adler-Brücke« (bretonisch erer = Adler, teo = stark; schottisch brig = Brücke) bedeutet.

Abgesehen davon, daß die Gleichung Artobriga = Manching in das Koordinatensystem des Ptolemäus paßt, bestätigen auch Ausgrabungen diese These. Im Boden von Manching werden nämlich Adlerkopfplastiken mit dem für den Raubvogel typischen Hakenschnabel geborgen. Solche Plastiken sind einmalig auf bayerischem Boden.

In diesem Zusammenhang ist weiterhin ein ganz in der Nähe von Manching gemachter Münzenfund zu nennen. In Irsching bei Manching entdeckt man im vorigen Jahrhundert die schönsten Geldstücke der Keltenzeit. Darunter ist eine eindrucksvolle und einmalige Kollektion von Münzen mit aufgeprägten Raubvogelköpfen.

In der Tat verdient die Siedlung südlich der

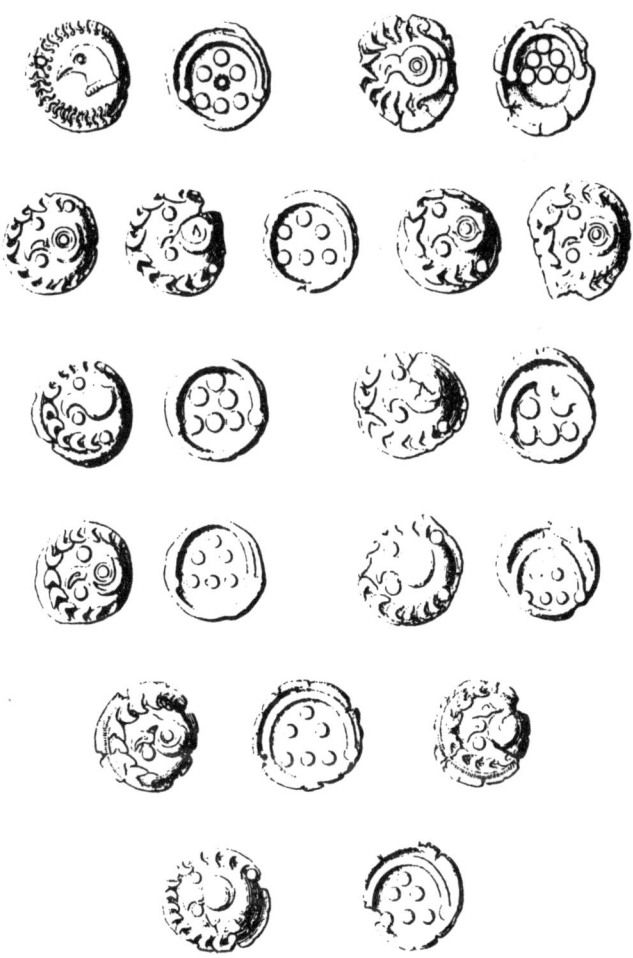

Münzkollektion aus dem Schatzfeld von Irsching bei Ingolstadt,
aufgezeichnet im vorigen Jahrhundert.

Donau die Bezeichnung »Starker Adler«. Der
König der Lüfte steht bei den persischen, ägypti-
schen und römischen Heeren als Symbol für Stärke
und Macht. In Griechenland ist er der heilige Vogel

des Zeus, der in dieser Gestalt die hübsche Nymphe Ägina entführt. In Rom kennt man den Raubvogel als Symbol des Jupiter und später als Sinnbild für die Macht des Kaisers. Auf dem keltischen Opferkessel von Kopenhagen, dem sogenannten Gundestrupkessel, der wahrscheinlich von der mittleren Donau stammt und zwei bis drei Jahrhunderte vor Christus angefertigt wird, ist der Adler ebenfalls Attribut einer Gottheit. In der Symbolik des Christentums schließlich wird der Adler dem Evangelisten Johannes, dem Lieblingsjünger Jesu, beigegeben. Daneben ist er auch Symbol der Himmelfahrt Christi.

Größe und Stärke ist auch das Kennzeichen der Keltenstadt Manching. Die Innenfläche dieser Siedlung beträgt nicht weniger als 380 Hektar, der Umfang sieben Kilometer. Damit ist diese antike Siedlung genauso groß wie Rom zur Zeit des Kaisers Augustus, also in der Blütezeit des römischen Imperiums.

Ein Vergleich mit dem Römerkastell im sechzig Kilometer entfernten Regensburg macht die Unterschiede besonders deutlich. Die Festung am nördlichsten Punkt der Donau hat einen Umfang von gerade zwei Kilometern.

Noch viel beeindruckender als die räumlichen Ausmaße von Manching sind die gewaltigen Wälle. Die Stadtmauer der Keltensiedlung gehört zu den größten antiken Bauwerken Europas. Beim Osttor ist die Mauer ganze vier Meter dick. Sie hinterläßt auf die Römer einen so nachhaltigen Eindruck, daß noch im dritten Jahrhundert nach Christus die längst geschleifte Festung auf der Straßenkarte »Itinerarium provinciarum Antonini Augusti« mit der Bezeichnung »Vallato« (lateinisch vallum oder vallus = Wall, Schutzwehr, Verschanzung) zu finden ist.

Ausgrabungen im Jahr 1938 zeigen, daß der Wall in zwei Bauphasen entsteht. Der ältere Teil der Mauer besteht aus einem mit Steinen gefüllten, vernagelten Holzkastenwerk mit Kalksteinen außen und Erdanschüttungen dahinter. Genau diese Technik ist auch in Frankreich bei den Kelten gebräuchlich, wie Caesar schreibt.

Insgesamt, so kann man hochrechnen, werden für den Bau der Stadtmauern und -tore in Manching rund 100 000 Kubikmeter Gestein, darunter auch behauene Blöcke, und rund 20 000 Kubikmeter Holz verarbeitet. Mit diesem Material könnte man eine gewaltige Pyramide mit einer Seitenlänge von 70 Metern und einer Höhe von 75 Metern bauen.

Es ist ein Rätsel, wie die Kelten diese immensen Massen an Gestein herbeischaffen. Manching liegt ja mitten in einer Tiefebene ohne große Steinvorräte. Doch man ist nicht nur mit dem Transport des Materials beschäftigt, es wird sogar ein Bach umgeleitet, um die Mauern so setzen zu können, daß man sich optimal verteidigen kann.

Leben herrscht in Manching mindestens seit dem vierten Jahrhundert vor Christus. Der Friedhof im Nordteil der Festung jedenfalls gehört in diese Zeit. In diesem Bereich sind auch Straßenspuren nachweisbar. Daneben breiten sich große, gehöftartige Anlagen aus. Hausgrundrisse sind deutlich erkennbar. Die Holzhäuser werden offenbar häufig umgebaut.

Nach Süden zu ändert sich fast schlagartig das Muster der Bebauung. Alles ist hier unregelmäßiger und großzügiger. Der Osten der Festung, wo der Grundwasserspiegel sehr hoch ist, wird als Weideland für das Vieh genutzt. Im Westen schließlich sind wieder Bebauungsspuren erkennbar. Man entdeckt Werkstätten, kleine Fabriken, in denen vor allem Werkzeuge produziert werden.

Daß hier fleißige Kelten am Werk sind, bezeugt das Fundgut. Bronzeguß, Eisenverhüttung und Glasverarbeitung sind nachweisbar. Im Boden von Manching werden über zweihundert Typen von Werkzeugen freigeschaufelt.

Dazu kommt noch eine Fülle von bemalter Keramik zum Vorschein. All diese Produkte werden auf der Töpferscheibe erstellt. Schließlich prägen die Kelten in Manching Münzen aus Gold, was darauf hinweist, daß hier eine Art Bank besteht.

Manching ist aber nicht nur eine antike »Industriestadt«, sondern auch eine Landwirtschaftszentrale. Hunderttausende von Tierknochen werden im Boden entdeckt.

Alkimoenis – Michelsberg/Kelheim

Noch größer als Manching ist die nur vierzig Kilometer entfernte Keltensiedlung Alkimoenis oberhalb Kelheims, dort wo die Befreiungshalle König Ludwigs I. (1786-1868) steht. Mit einer Innenfläche von 650 Hektar und fast zehn Kilometer langen Mauern übertrifft sie Artobriga zwar an Ausdehnung, sie scheint aber weit weniger dicht besiedelt zu sein.

Die Gegend von Kelheim ist ein altes bayerisches Siedlungsgebiet. Schon um 1000 vor Christus hausen hier Menschen. Das Kelheimer Urnenfeld gibt erste interessante Einblicke in die Gesellschaft dieser frühen Epoche.

Wie die Grabungen ergeben, wird die Asche der männlichen Toten in Urnen mit engen Hälsen, die der weiblichen Verstorbenen in solchen mit weiten Hälsen bestattet. Witwenverbrennungen werden nicht ausgeschlossen.

Über die Bedeutung des Raums in der Zeit um 1000 vor Christus sind nur sehr begrenzt Aussagen möglich. Kurz vor der Zeitenwende aber gehört dieser Abschnitt der Donau zu einer der wichtigsten Zonen Bayerns, ja Süddeutschlands. Er gliedert sich nach unserem heutigen Wissensstand in drei Siedlungsbereiche: 1. Alkimoenis/Michelsberg, 2. Ortsgebiet von Kelheim, 3. Weltenburg und Frauenberg.

Alkimoenis/Michelsberg ist der mit Abstand bedeutendste Teil dieses Siedlungsraumes. Hier wird unter anderem nach Eisenerz geschürft. Haken, Herdschaufeln, Hammer und Hakenmesser aus dem ersten Jahrhundert vor Christus, die gefunden werden, dazu ein Joch mit einer Spannweite von rund einem Meter befinden sich heute in der Prähistorischen Staatssammlung München.

Weil der Name Altmühl eine Verballhornung des von Ptolemäus erwähnten Ortes Alkimoenis ist, weiß man schon in der Frühphase der Vor- und Frühgeschichtsschreibung, wie die Keltensiedlung auf dem Michelsberg um Christi Geburt heißt. Mit Hilfe der bretonischen und walisischen Wörterbücher ist dieser Name Alkimoenis aber auch zu deuten. Er zerfällt in die drei Teile Al, ki und moenis (bretonisch el = Bote, ki = Hund, menez = Berg; walisisch ci = Hund, mynydd/minis gesprochen = Berg). Wir haben es also mit einem »Bote-Hund-Berg« zu tun. Das gibt zunächst keinen Sinn.

Der bereits erwähnte Opferkessel von Kopenhagen (Grundstrupkessel) hilft hier aber weiter. Auf diesem ist eine männliche Figur mit einem Rad und mit flügelähnlichen Gebilden am Helm zu sehen. Begleitet wird der Mann von zwei Hunden, die seine Attribute zu sein scheinen. Vor ihm eine Gottheit!

Bei der männlichen Figur auf dem Gundestrupkessel handelt es sich um einen Götterboten, der in der keltischen Mythologie dem Hermes der Griechen und dem Merkur der Römer entspricht. Dieser empfängt gerade von einer übergeordneten Gottheit eine Nachricht, die er weiterverbreiten soll, wobei das vielspeichige Rad die Reise symbolisiert. Daß die Kelten tatsächlich einen dem Merkur ähnlichen Götterboten verehren, bestätigt auch Caesar in seinem Werk »De bello Gallico« (Sechstes Buch).

Alkimoenis, im Mündungswinkel von Donau und Altmühl gelegen, ist also eine dem keltischen Götterboten geweihte Festung. Als Jahrhunderte später die christlichen Missionare ins Land kommen, wird der Name entsprechend der neuen Religion geändert. Die Siedlung erhält den Namen eines christlichen Gottesboten, also eines Engels. Die Wahl fällt auf den Erzengel Michael, der genau wie der keltische Himmelsbote auch mit Flügeln ausgestattet ist und auf den bildlichen Darstellungen bis in die Barockära hinein in Bayern mit einem

Helm abgebildet wird. Keltische Tradition reicht hier somit weit in das Christentum hinein (siehe auch Kapitel »Der Götterbote«).

Kelten siedeln aber auch südlich des Michelsberges, im Bereich des heutigen Klosters Weltenburg und auf dem angrenzenden Frauenberg. Auch dort werden zahlreiche Stücke aus der Zeit vor Christi Geburt gefunden, darunter eine Stierplastik.

Östlich des Michelsberges liegt Kelheim, wo ebenfalls Kelten nachweisbar sind. Unter anderem legt man 1939 in der dortigen Mitterfeldstraße Meißeln und Messer, Klammern und Keramik, Schüsseln und Ringe frei. Urkundlich erstmals erwähnt wird Kelheim in der zweiten Hälfte des neunten

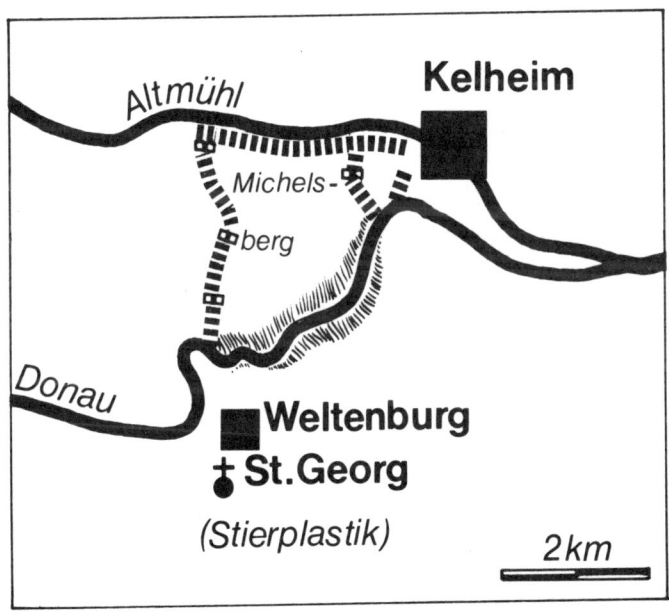

Der Michelsberg bei Kelheim, das keltische Alkimoenis.

Jahrhunderts. Es heißt damals »Cheleheim«. Der erste Teil des Wortes ist wahrscheinlich keltisch (bretonisch kole = junger Stier). Es dürfte sich somit um eine Siedlung handeln, in der eine der höchsten keltischen Gottheiten, deren Symbol der Stier ist, verehrt wird. Wie noch darzustellen sein wird, gehören auch die Symbole Hund (ki) und Stier in der keltischen Mythologie eng zusammen.

Boiodurum – Passau

Gleich nach Artobriga nennt Ptolemäus den Ort Boiodurum, der als »Befestigung der Boier« (bretonisch tour = Turm; walisisch twr/tur gesprochen = Turm, Befestigung) zu deuten ist. Boiodurum gehört zu jenen zahlreichen keltischen Städten, deren Namen auf »-durum« oder »-dunum« enden (zum Beispiel Cambodunum, Meliodunum).

Boiodurum erscheint als Castellum auch auf der »Tabula Peutingeriana«, der mittelalterlichen Kopie einer antiken Reisekarte, die im Besitz des Augsburger Humanisten Konrad Peutinger (1465-1547) ist und nach diesem benannt ist. Auf dieser Karte ist der Ort 75 Meilen von Regensburg entfernt. Nach dem Verfasser des »Itinerarium provinciarum Antonini Augusti« beträgt diese Wegstrecke nur 68 Meilen.

Daß Boiodurum eine bedeutende Siedlung vor und um die Zeitwende ist, beweisen aber nicht nur die Nennungen in den antiken Quellen. Ausgrabungen bringen auch umfangreiche Relikte aus der Latènezeit ans Tageslicht.

Zunächst kommen bereits im Jahr 1918 auf dem

Altstadthügel zwischen Donau und Inn die Reste einer keltischen Siedlung zum Vorschein. In der Folge werden dann Überreste von Gebrauchsgegenständen freigelegt. Das Fundgebiet liegt zwischen dem heutigen Rindermarkt und dem Pulverturm.

Die keltischen Siedlungsspuren lassen sich dabei über die beiden Flüsse hinweg verfolgen. Auf der Innseite liegt jener Ortsteil, der nach der Zeitenwende den Namen des Gesamtortes trägt, nämlich Boiodurum. Aber natürlich kommen die Kelten auch auf die Donauseite. Von besonderer strategischer Wichtigkeit ist wahrscheinlich der Georgsberg (heute Feste Oberhaus). Wie wir noch sehen werden, sind Stätten des heiligen Georg in der Regel ältester Kulturboden.

In der Römerzeit ist das Siedlungsgebiet durch den Inn, der die rätisch-norische Grenze bildet, politisch geteilt. In der heutigen Altstadt wird die »cohors IX Batavorum militaria equitata«, die neunte Batavische Reiterkohorte, stationiert, so daß das Terrain bald Batavia genannt wird. Daraus wird zunächst Bataua, dann Pazzaue und schließlich Passau. Die Siedlung jenseits des Inns behält den ursprünglichen keltischen Namen. Eugippius († 511), der Hagiograph des heiligen Severin († 482), der hier wirkt, nennt den Ort Jahrhunderte später Boiotro.

Kipfenberg

Südlich von Kipfenberg bei Eichstätt erhebt sich der Michelsberg, dessen ungeschützte Südwestseite durch drei große Wälle und Gräben abgeriegelt ist, was heute noch zu erkennen ist. Der Höhenunterschied zwischen Kipfenberg, früher Kappenberg genannt, und Michelsberg beträgt 130 Meter. Die Michelskirche auf dem Berg, von der nur noch Ruinen übrig sind, ist in der Barockzeit ein beliebtes Wallfahrtsziel. Bewohnt wird der Michelsberg auch von Kelten, was Funde beweisen. Über Einzelheiten wissen wir nicht Bescheid.

Devona – Schwanberg

Ein großes Heiligtum des keltischen Götterboten ist auch der Schwanberg bei Kitzingen, eine weithin sichtbare Erhebung im Maingebiet. Auf dem Kappelrangen an der Westterrasse des Schwanberges steht bis zum Bauernkrieg (1525) eine Michaelskirche. Acht Kilometer von dieser Stelle entfernt liegt die Ortschaft Michelfeld, in der schon Gräber aus der Zeit um 1000 vor Christus gefunden werden.

Zwei Indizien weisen darauf hin, daß diese Stätten des heiligen Michael auf seinen keltischen Vorgänger und dessen Begleittier, den Hund, zurückgehen: Zehn Kilometer nordöstlich von Kappelrangen mit der ehemaligen Michaelskirche liegt nämlich der Ort Hundsrangen und vier Kilometer südlich der ehemaligen Michaelskirche, in Possenheim, wird eine Statue des Merkur ausgegraben.

Daß es sich bei dem Gebiet um den Schwanberg um einen keltischen Kult- und Siedlungsraum handelt, beweist auch eine Keltenschanze, die sich bei Willanzheim befindet – sechs Kilometer von Kappelrangen, vier Kilometer von Michelsfeld und fünf Kilometer von Possenheim entfernt.

Der Schwanberg selbst ist der wohl älteste bayeri-

36

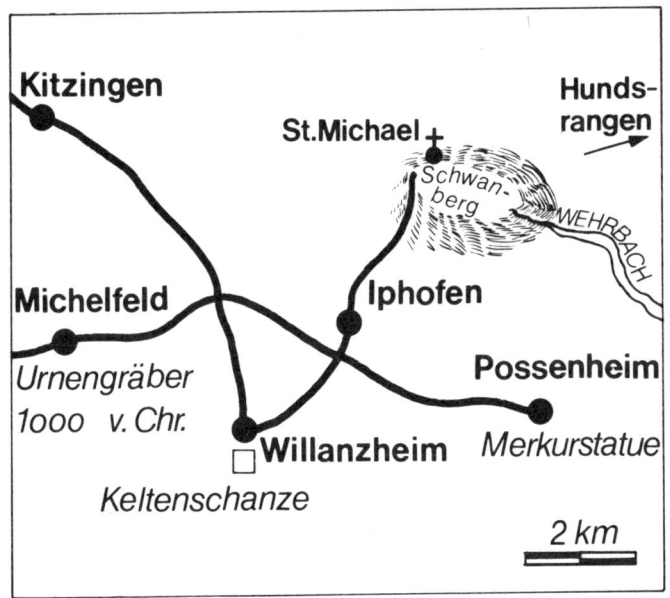

Der Schwanberg (= Devona), umgeben von den Kultstätten des keltischen und christlichen Götterboten.

sche Siedlungsboden. Hier sind nämlich schon 10 000 vor Christus Menschen nachweisbar. Archäologen finden dort auch Überreste eines Mammuts, darunter einen Stoßzahn von 2.40 Meter Länge. Bewohnt ist der Berg dann praktisch durchgehend, was die Funde aus den einzelnen Epochen beweisen.

In der Keltenzeit hat der Berg dann eine unterschiedliche Bedeutung. Die Funde aus dieser Ära sind nicht sehr umfangreich. Scherben von Tongeschirr, Perlen und keltische Münzen sind dem letzten Jahrhundert vor Christus zuzuordnen.

Es liegt somit die Vermutung nahe, daß die Befestigung am Schwanberg die Funktion einer Fluchtburg hat, auf die man sich nur begibt, wenn Gefahr in Verzug ist. Wie bereits erwähnt, hat der Norden Bayerns in dieser Zeit auch spezifische Verteidigungsaufgaben gegen den zunehmenden Druck der germanischen Stämme. Die Innenfläche mit 125 Hektar bietet genügend Raum.

Gerade diese betont militärisch-strategische Funktion der Anlage auf dem Schwanberg führt uns auch zur Lösung der Frage, wie der Ort vor und um Christi Geburt genannt wird. Ptolemäus nennt einen westlich vom Staffelberg gelegenen Ort Devona. Das heißt übersetzt soviel wie »Wehr« (bretonisch divenn = Wehr). Ein Indiz für die Richtigkeit dieser These ist auch der Name des auf dem Schwanberg entspringenden Baches. Er heißt noch heute Wehrbach.

Würzburg

Eine bedeutende prähistorische Festung und Siedlung in Franken scheint auch der Marienberg von Würzburg zu sein. Man findet dort Relikte bereits aus der Zeit um 1000 vor Christus. Auch die Kelten hinterlassen Siedlungsspuren. So kommen in der Nähe des Marienberges Reste von Hütten und Herdstellen aus derZeit um 350 vor Christus zum Vorschein. Auch ein Friedhof ist nachweisbar. Dort findet man unter anderem das Skelett einer jungen Frau, die vor dem Zweiten Weltkrieg gern als »älteste Würzburgerin« bezeichnet wird. 1945 werden ihre Überreste im Bombenhagel vernichtet.

Erstmals erwähnt wird der Marienberg am 1. Mai 704 in einer Urkunde als »castellum Vierteburh«.

Später heißt der Ort allgemein »mons Wirziburgensis« (= der Berg Würzburg). In einer Hagiographie aus dem Jahr 1150 ist vom »Berg, der jetzt Marienberg oder alte Würzburg genannt wird«, die Rede. Würzburg und Marienberg sind also Synonyme. Nur ist Marienberg die christliche Bezeichnung für die von den Heiden als Würzberg oder Würzburg bezeichnete Erhebung gegenüber der heutigen Altstadt. In den restkeltischen Lexika lassen sich durch Sprachvergleich Hinweise finden, daß Würzburg bei den Kelten Kultstätte einer Göttin ist, die als Jungfrau verehrt wird (bretonisch gwerhez/werz gesprochen = Jungfrau). Wie andere heidnische Heiligtümer erhält dann der Würzberg in der Christianisierungsphase den Namen einer mit vergleichbaren Attributen versehenen Gestalt aus der christlichen Glaubenswelt. Es wird daraus der Berg der heiligen Jungfrau Maria (= Marienberg).

Die Keltensiedlung in Würzburg ist offensichtlich klein und wenig bedeutend, was nicht zuletzt auch durch die magere Ausbeute bei den Grabungen unterstrichen wird. Ptolemäus erwähnt den Ort nicht.

Meliodunum – Gelbe Bürg

Der steile Bergkegel bei Gunzenhausen ist lange vor der Keltenzeit besiedelt. Die Kelten machen daraus einen Stützpunkt mit überregionaler Bedeutung. Von 500 bis 300 vor Christus ist eine Besiedlung durch Funde gesichert. Ptolemäus nennt die Festung Meliodunum. Später wird daraus die Gelbe Bürg (bretonisch melen = gelb; walisisch melyn = gelb).

Marobudum (?) – Houbirg

Die Houbirg bei Hersbruck, ein rund zweihundert Meter über dem Dorf Happurg aufragender Bergsporn, ist offensichtlich schon im zweiten Jahrtausend vor Christus bewohnt. Um 400 vor Christus bauen die ersten Kelten den Berg zur Burg aus.

Im ersten Jahrhundert vor Christus erfolgt dann der Bau von großen Mauern, die heute noch in Resten (bis zu vierzehn Meter hoher Wall mit Graben) erkennbar sind. Die Festung hat eine Innenfläche von fast neunzig Hektar und gehört damit zu den mittleren Keltenstädten Bayerns. Bei Ausgrabungen im Jahr 1890 werden Schmuck und ein großes eisernes Hiebmesser gefunden.

Vielleicht ist die Stadt identisch mit dem von Ptolemäus genannten und nicht lokalisierbaren Marobudum, was übersetzt »Hauptwesen, großes Leben« (bretonisch meur = groß, Haupt . . ., boud = Wesen, Dasein; walisisch bod = sein) heißen könnte. Ptolemäus ordnet Marobudum zwischen dem Staffelberg und der Gelben Bürg ein, wo ja auch die Houbirg (= hohe, große Burg?) liegt.

Menosgada – Staffelberg

Die Besiedlung des Staffelberges reicht bis ins dritte Jahrtausend vor Christus zurück. Die Kelten sind dort seit dem fünften Jahrhundert nachweisbar. Zu dieser Zeit ist die Anlage knapp drei Hektar groß. An Fundgut registriert man Keramik und Schmuckstücke, von denen sich einiges in der Prähistorischen Staatssammlung München befindet.

Frauenschmuck aus keltischen Gräbern. Prähistorische Staats-sammlung München.

Die von der Luftbildarchäologie entdeckte Keltenschanze in München-Langwied samt kleiner Hallstattanlage.

Münze der Boier. Oben: Kopf erkennbar. Unten: Ein Raub-vogel macht sich über einen toten Krieger her. Staatliche Münzsammlung München.

Adlerkopfplastiken aus Manching. Prähistorische Staatssammlung München.

Um 150 vor Christus wird die Festung über dem Main plötzlich um das fast Zwanzigfache erweitert. Wuchtige Wehrmauern sollen den Burgbewohnern Schutz bieten. Mit großer Wahrscheinlichkeit ist hier eine schlagkräftige Truppe stationiert, die Wach- und Verteidigungsaufgaben im Rahmen der Grenzsicherung nach Norden wahrnimmt. Wie bereits erwähnt, dürfte Menosgada auch »Wachberg« heißen.

Kurz vor der Zeitenwende hört die keltische Besiedlung des Staffelberges auf, was mit den Römerkriegen zusammenhängen dürfte. Erst Jahrhunderte später wohnen hier wieder Menschen.

Hesselberg

Wenig weiß man über den Hesselberg, den früheren Oeselberg, östlich von Dinkelsbühl. Funde beweisen, daß er mindestens von 400 vor Christus bis zur Zeitenwende von Kelten bewohnt wird.

Kalamantia – Kallmünz

Im Mündungswinkel von Vils und Naab liegt die Burganlage von Kallmünz. Rund hundert Meter hoch sind die Bergfelsen. Die rund vierzig Hektar große Innenfläche ist schon zur Steinzeit von Menschen besiedelt. Aus der frühen Keltenzeit stammen eine Fibel und ein verzierter Becher. Um die Zeitenwende scheint niemand mehr auf dem Berg zu wohnen.

Das von Ptolemäus für den Raum nördlich der Donau ausgewiesene Kalamantia dürfte mit Kallmünz, das 1142 als Chalemunze und 1233 als Kalmunze erscheint, identisch sein. Kalamantia bedeutet wahrscheinlich Berg des jungen Stiers (bretonisch kole = junger Stier, menez = Berg). Daß in Kallmünz schon lange vor der Keltenzeit eine Stiergottheit verehrt wird, wird durch eine Tierplastik unterstrichen, die hier gefunden wird.

Diese These wird zusätzlich bestätigt durch die Tatsache, daß unmittelbar an die Burg von Kallmünz eine Auberg genannte Anhöhe anschließt. Au kommt von Auer, und das wiederum ist nichts anderes als der Stier, der noch in den Wörterbüchern als Auerochs und Ur fortlebt. Es wird noch zu zeigen sein, daß die Befestigung Kallmünz einer der höchsten keltischen Gottheiten, deren Symbol der Stier ist, geweiht ist.

Ehrenbürg

Die 1,5 Kilometer lange und 300 Meter breite Ehrenbürg im Landkreis Forchheim ist vom Anfang bis zum Ende der Keltenepoche mit wechselnder Intensität besiedelt. Die Funde lassen den Schluß zu, daß die 33 Hektar große Festung nach dem Italienfeldzug der Kelten im vierten Jahrhundert vor Christus ihre einstige Bedeutung verliert.

Es ist möglich, daß die Ehrenbürg bereits zur Keltenzeit ein Erzberg ist, auch wenn der Wortstamm germanischen Ursprungs (althochdeutsch erin = Erz) ist. Die drei in der Nähe liegenden Dörfer Hundshaupten, Hundsboden und Hundsdorf lassen auf Beziehungen zu dem keltischen Götterboten schließen, dessen Symbol der Hund ist. Entgegengesetzt liegt der Auerberg, der auf eine Kultstätte des Stiers hinweist.

Heute heißt der Berg »Walberla« (kommt von Walburgis). Er ist Mittelpunkt der oberfränkischen Wallfahrer, die regelmäßig am 1. Mai hierherkommen.

Damasia – Auerberg

Der Auerberg (1056 Meter) im Allgäu, auch »Schwäbischer Rigi« genannt, ist der markanteste und steilste Berg des bayerischen Voralpenlandes. Obwohl die Straße von Bernbeuren auf den Gipfel nur vier Kilometer lang ist, ist ein Gewaltmarsch notwendig, um dorthin zu kommen. Es muß ein Höhenunterschied von dreihundert Metern überwunden werden. Vom Plateau aus geht es stellenweise fast senkrecht abwärts. An klaren Tagen kann man die Kirchtürme Augsburgs und Münchens sehen.

Zur Zeit der Kelten heißt der Berg »Damasia«, ein Name, den der griechische Geograph Strabo nennt. Er hebt um die Zeitenwende »das gleich einer Burg (Akropolis) aufragende Damasia der Likatier« ausdrücklich hervor.

Damasia ist eine Ortsbezeichnung, die mit großer Wahrscheinlichkeit aus dem Griechischen (griechisch dama = kleines Rind) kommt. Einer alten Sage nach, die noch im letzten Jahrhundert im Allgäu erzählt wird, geht um die Kirche auf dem Auerberg ständig ein »Goldenes Kalb«.

Das erste schriftliche Zeugnis über den Auerberg in den hiesigen Quellen stammt aus dem Jahr 1167. Es handelt sich um eine Schenkungsurkunde, in der von einem Urberc (= Berg des Rindes) die Rede ist. In der Bevölkerung heißt der Berg schlicht Auberg.

Da Damasia einen griechischen Namen trägt (die Kelten haben viel mit der griechischen Kultur gemeinsam, wie man noch sehen wird) und Strabo auch ausdrücklich erwähnt, daß dort die keltischen Likatier wohnen, gibt es keinen Zweifel, daß die Besiedlung des Auerberges noch vor der Zeitenwende erfolgt.

Erhärtet wird diese Feststellung durch die zahlreichen uralten Sagen, die sich um den Auerberg ranken. Da ist immer wieder von kopflosen Wesen die Rede. Unter anderem erzählt man von einem braunen Pferd ohne Schädel, das in das nahe Bachtal hinabgaloppiert und die Menschen in Angst und Schrecken versetzt. Oft hört man auch die Geschichte vom »Ecklegeist«, der an der Westseite des Auerberges wohnen und als ein Mann ohne Kopf in grüner Jägerjoppe sein Unwesen treiben soll. Sein Weg soll ihn sogar am hellichten Tag ins nahe Hofen führen.

Diese Sagen haben ihren Ursprung in der Keltenzeit. Wie nämlich die antiken Schriftsteller berichten, ist die Trennung von Rumpf und Kopf bei den Kelten ein ritueller Akt.

Andererseits haben die Archäologen auf dem großen Terrain bis jetzt noch keine Überreste aus der Keltenzeit gehoben. Die Fundstücke wie Amphoren, Rinder- und Pferdeschädel und römische Siedlungsreste stammen alle aus der Zeit unmittelbar nach Christi Geburt. Um weitere Informationen zu erhalten, müssen die nächsten Grabungen auf dem weiträumigen Berg abgewartet werden.

Abodiacum – Epfach

Den Ort Abodiacum, am Lech zwischen Schongau und Landsberg gelegen, erwähnt schon Ptolemäus. Im »Itinerarium provinciarum Antonini Augusti« erscheint die Siedlung als »Abuzaco«, dreißig Meilen von Parthano (Partenkirchen) entfernt. Der Verfasser der »Tabula Peutingeriana« nennt die Ortschaft »Avodiaco«.

Der Name dieser Lechsiedlung ist keltisch, doch Funde aus der Latènezeit gibt es (bis jetzt) nicht. In der frühen Römerzeit entsteht hier ein Militärposten, der am Schnittpunkt der Via Claudia mit der von Kempten herüberführenden Straße liegt. Diese Wegmündung mag dem Ort auch seinen Namen geben (bretonisch aber = Mündung). Der nahe Lorenzberg ist ein sehr früher kultischer Platz. Vielleicht ist hier eine keltische und römische Opferstätte.

Cambodunum – Kempten

Eine Keltenstadt von großer Bedeutung ist Cambodunum, eine Militärbastion, die als einzige bayerische Stadt sowohl bei Strabo und Ptolemäus als auch im »Itinerarium provinciarum Antonini Augusti« und in der »Tabula Peutingeriana« erscheint. Nach Strabo ist Cambodunum neben Brigantium (Bregenz) und Damasia die wichtigste Stadt in Vindelicien.

Die Ergebnisse der Ausgrabungen im keltischen Tempelbezirk unterstreichen die Bedeutung der Stadt im Allgäu. Man findet achtzehn große und kleine steinerne Tempel, die dem keltischen Kult dienen. Dagegen haben die Römer für sich nur einen einzigen Tempel in ihrem heiligen Bezirk.

Der Name besagt wahrscheinlich, daß es sich bei dem Ort Cambodunum um eine Garnisonsstadt handelt (bretonisch kamp = Feldlager). Die Römer behalten den Namen bei, wohl auch die Funktion. Nach der Zerstörung im ersten nachchristlichen Jahrhundert (wahrscheinlich während der Wirren des Dreikaiserjahres 68/69) wird der Ort mit Thermen und Tempelbezirk wieder aufgebaut. Im »Itinerarium provinciarum Antonini Augusti« erscheint Kempten im dritten Jahrhundert nach Christus als Campoduno, 38 Meilen von Bregenz und 52 Meilen von Augsburg entfernt.

Medullum (?) – Fentbach

Zwischen den oberbayerischen Flüssen Mangfall und Moosbach hat sich bis heute der Ringwall einer Keltenfestung erhalten. Der Berg fällt nach zwei Seiten über hundert Meter steil ab. Nach Südosten erkennt man zwei hintereinander liegende Mauern. Der innere Wall ist noch sehr gut erhalten. Die bisherigen Funde beweisen, daß die Kelten den gesamten Innenraum des nahezu dreieckigen Sporns besiedelten.

Da Ptolemäus für diesen Teil des Alpenvorlandes einen Ort Medullum angibt, liegt der Schluß nahe, daß es sich um die Befestigung Fentbach handelt. Ein weiteres Keltenlager ist jedenfalls in der näheren Umgebung dieses befestigten Berges bisher nicht nachgewiesen.

Karrodunum – Scarbia – Scharnitz

Karrodunum bedeutet wahrscheinlich »rauhe Befestigung« (bretonisch garo = rauh, tour = Turm; walisisch twr/tur gesprochen = Turm, Befestigung). Diese Bezeichnung mag sie wegen ihrer Höhenlage und der damit verbundenen kalten und rauhen Witterung erhalten haben. Es spricht für die Richtigkeit dieser These, daß die Römer den Namen übernehmen und lediglich in ihre Sprache übersetzen. Dort heißt der Ort »Scarbia« (lateinisch scaber, scabra, scabrum = rauh), wie man vom Verfasser der »Tabula Peutingeriana« weiß. Der Ort ist eine Station auf der Straße Augsburg-Trient. Im elften Jahrhundert erscheint die Siedlung in den nördlichen Alpen als Scarazia in den Urkunden, heute heißt sie Scharnitz. »Wegen der rauhen Lage«, wie es in den Quellen heißt, wird Jahrhunderte später das Kloster Scharnitz nach Schlehdorf am Kochelsee verlegt.

Im europäischen Keltenland gibt es noch einen anderen »rauhen Ort«, Scarba in Schottland. Es handelt sich um eine Insel rund hundert Kilometer westlich von Glasgow. Genau bis hierher kommen die Römer in ihrer größten Expansionsperiode. Kaiser Antonius Pius (86-161), Adoptivsohn Kaiser Hadrians, läßt vom Firth of Forth zum Firth of Clyde einen Erdwall zur Verteidigung gegen die nördlich hausenden Stämme ziehen. Scarba, eine Insel mit Temperaturen und Stürmen, wie sie die an das warme Klima Italiens gewöhnten Römer nicht kennen, gehört zum westlichen Vorfeld dieses »Limes« in Großbritannien.

Bedakum – Bidaio – Seebruck

Aus den Entfernungsangaben im »Itinerarium provinciarum Antonini Augusti« ist zu schließen, daß es sich beim römischen Bidaio nur um Seebruck am Chiemsee handeln kann, das 32 Meilen von Salzburg und 18 Meilen vom Innübergang (Pons Aeni) entfernt liegt. Den Ort erwähnt auch schon Ptolemäus, der von Bedakum spricht. Der in Alexandria lebende Geograph reiht die Chiemseesiedlung ein unter »die Städte, die in Norikum unter der Donau sind«.

Radaspona – Castra Regina – Regensburg

Funde beweisen, daß am nördlichsten Punkt der Donau, in Regensburg, Kelten wohnen. Unter anderem entdeckt man Wohnplätze aus der Latènezeit in der Niedermünsterkirche in unmittelbarer Nachbarschaft des Domes. Keltische Namen stehen auch auf einer Grabplatte aus römischer Zeit, die später zur Abdeckung des Grabes der Herzogin Gisela († 1006) verwendet und ebenfalls in Niedermünster gefunden wird.

Den Namen Radaspona überliefert uns der Freisinger Bischof Arbeo († 783) in seiner Lebensbeschreibung des heiligen Emmeram. Übersetzt heißt dies mit sehr großer Wahrscheinlichkeit »Hauptort am Regen« (bretonisch penn = Haupt; walisisch pen = Haupt, Hauptsache).

In diesem Zusammenhang ist zu erwähnen, daß es eine ganze Reihe keltischer Ortsnamen gibt, die auf »-bona« oder »-pona« enden, man denke nur an

Vindobona = Hauptort an der Wien (= Wien), Arrabona = Hauptort an der Arra (= Raab), Bonna = Bonn, Bononia = Bologna, Lissabon = Hauptort am Ufer (bretonisch lez = Ufer) oder Sebona = aufsteigender Hauptort auf dem Berg (heute Säben in Südtirol).

Doch zurück zu Radaspona! Da bei den Römern der Ort Castra Regina (Lager/Burg am Regen) und bei den Germanen Regensburg heißt, darf angenommen werden, daß die Kelten den Regen, der im Bayerischen Wald entspringt, »Radas« nennen. Er mündet gegenüber der Stadt in die Donau.

Prondentia

Nördlich der Donau zwischen den Längengraden, die den Städten Alkimoenis und Boiodurum zugewiesen werden – also mitten im Bayerischen Wald –, liegt nach den Angaben des Ptolemäus der Ort Prondentia. Er ist derzeit mit keiner noch bestehenden Siedlung zu identifizieren. Der Name heißt übersetzt soviel wie »Waldtiefe« (bretonisch prenn = Wald, donder = Tiefe, don = tief; walisisch pren = Wald, dwfn/doofn gesprochen = tief).

Tatsächlich ist in der Cham-Further-Senke eine intensive Besiedlung durch die Kelten nachweisbar. Bei Weiding wird eine keltische Goldmünze aus dem dritten bis zweiten Jahrhundert vor Christus gefunden. Es ist eine Nachprägung des Staters Philipps II. von Makedonien (um 382-336).

3,5 Kilometer vom Fundort entfernt liegt die Viereckschanze von Nößwartling, eine Opferstätte der Kelten, wie wir noch sehen werden. Knapp fünf

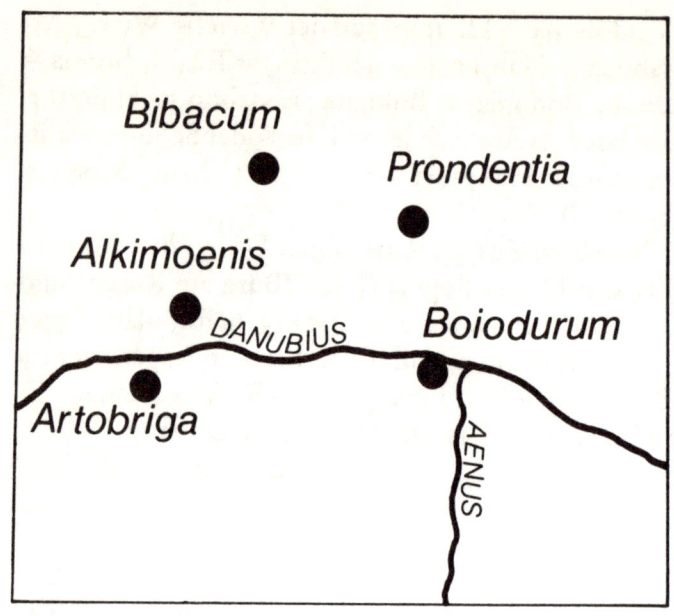

Die Lage der Siedlung Prondentia nach den Angaben des Ptolemäus.

Kilometer südöstlich dieses Opferbezirks werden um 1900 mehrere keltische Münzen, sogenannte Regenbogenschüsselchen, entdeckt.

In Satzdorf, fünf Kilometer von dem Opferbezirk Nößwartling entfernt, findet man Tonscherben aus der Spätlatènezeit. Reste von Tongeschirr, die aber ein bißchen älter als die von Satzdorf sein dürften, werden auch in Wölsting ausgegraben. Der Fundort ist ebenfalls fünf Kilometer von der Viereckschanze entfernt.

Interessant ist, daß dieser archäologisch bemerkenswerte Bezirk im Bayerischen Wald ziemlich exakt auf halber Strecke zwischen Artobriga und

Prag liegt. Es ist anzunehmen, daß es in diesem Bereich eine wichtige Verkehrsstation gibt. Mannigfaltige Beziehungen zwischen dem böhmischen und bayerischen Raum sind auch bekannt. Auf der Straße, von der heute keine Überreste mehr feststellbar sind, werden vor allem die keltischen Boier verkehren. Sie ziehen vermutlich auch vor Christi Geburt auf diesem Weg aus dem böhmischen Kessel nach Südwesten.

Bogenberg, Bad Reichenhall

Neben den genannten Städten und Festungen gibt es noch Keltenorte, die nicht so ohne weiteres identifizierbar sind. Lediglich Grabungen der Archäologen geben uns Hinweise auf frühgeschichtliche Besiedlung.

So wird auf dem Bogenberg bei Straubing ein Keltendorf aus der Latènezeit vermutet. Bei den Grabungen im Jahr 1900 findet man nicht nur Scherben aus der Zeit um 1000 vor Christus, sondern man stößt auch auf Anlagen, die in die Zeit kurz vor der Zeitenwende datiert werden.

Vierzig Kilometer donauaufwärts ist man vor einiger Zeit in Donaustauf, einem Michaelsberg, fündig geworden. Wie die Ausgrabungen zeigen, sind schon um 400 vor Christus hier Kelten ansässig. Unter anderem findet man 1981 Schmuck aus dieser Zeit.

In einigen Fällen deuten auch die Ortsnamen auf eine frühe Besiedlung, die oft genug durch Ausgrabungen nachgewiesen wird. In diesem Zusammenhang sind vor allem die »Hallorte« zu nennen, so

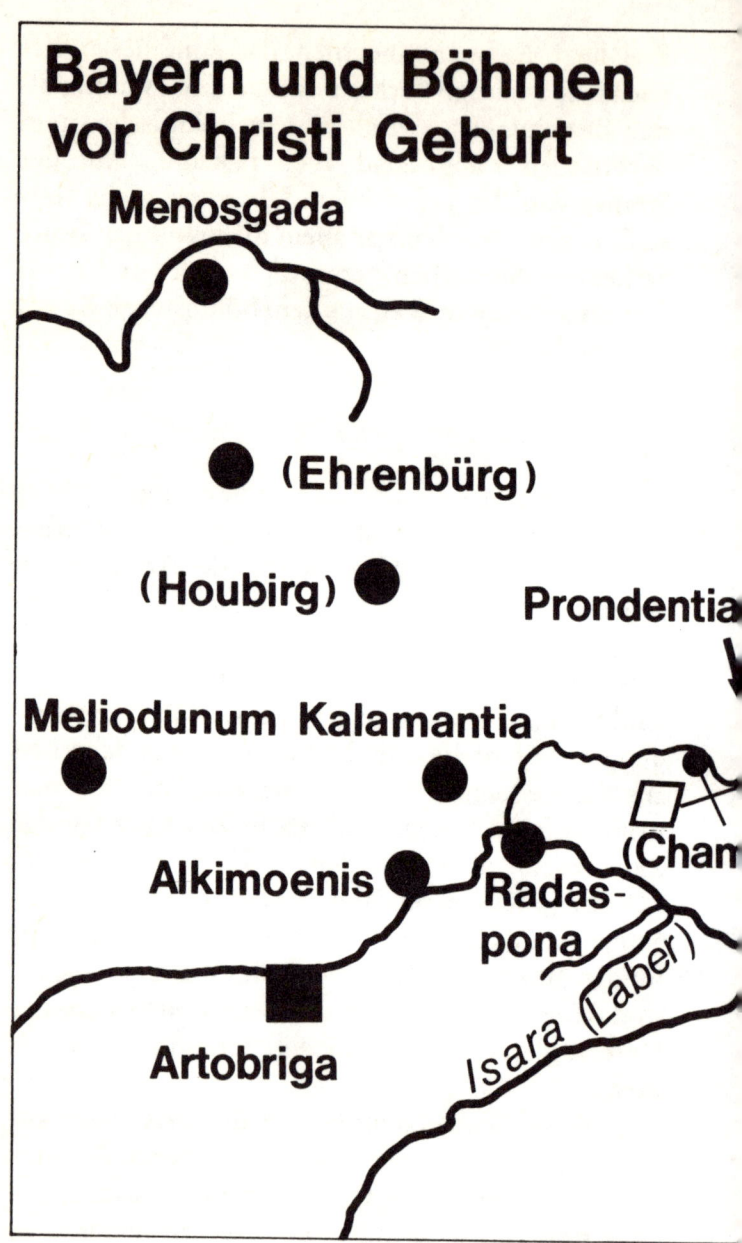

Bayern und Böhmen
vor Christi Geburt

Menosgada

(Ehrenbürg)

(Houbirg)

Prondentia

Meliodunum Kalamantia

Alkimoenis

(Cham

Radas-
pona

Isara (Laber)

Artobriga

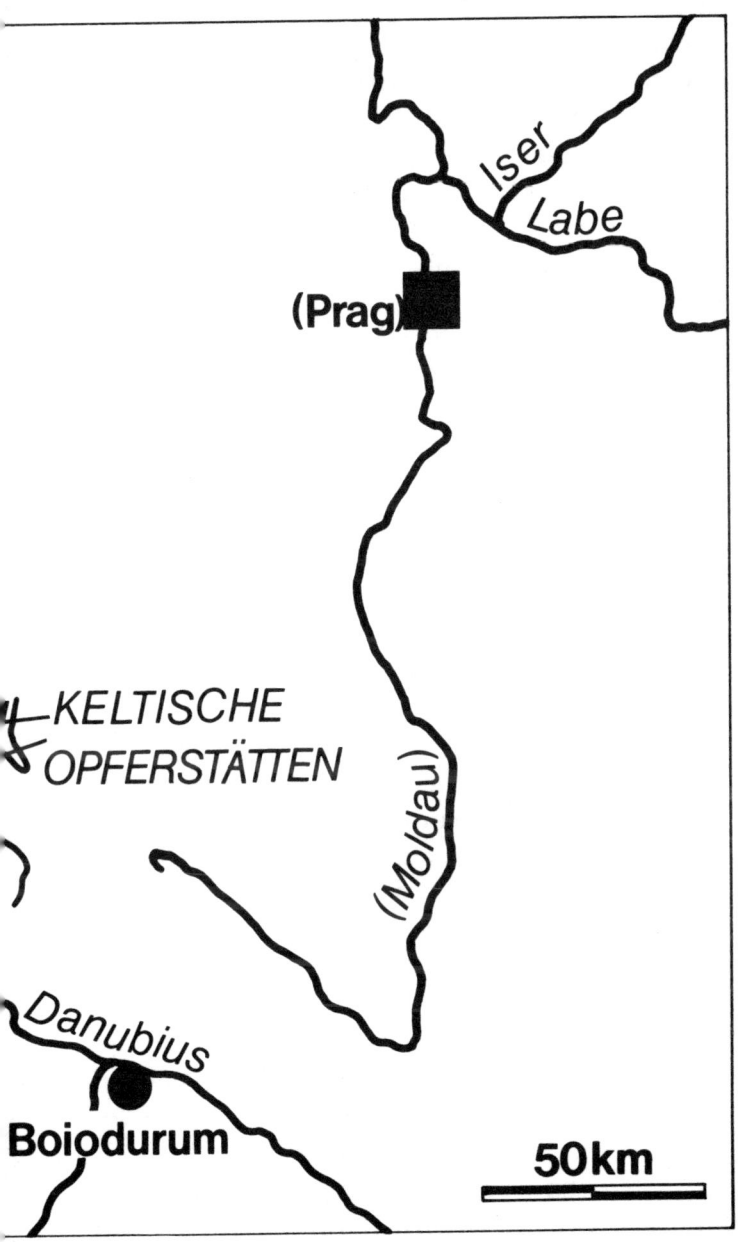

Iser

Labe

(Prag)

KELTISCHE
OPFERSTÄTTEN

(Moldau)

Danubius

Boiodurum

50km

zum Beispiel Reichenhall, Hallein und Hall in Tirol. Hall heißt übersetzt Salz (bretonisch holen = Salz; walisisch halen = Salz). In diesen Orten wird also schon zur Keltenzeit Salz gewonnen.

Auch die Orte Glon bei Aichach, Gloneck bei Altötting und Traunstein, Glonn bei Indersdorf und Ebersberg und Glonnbercha bei Dachau erhalten sehr früh ihre Namen. In den mittelalterlichen Urkunden erscheinen sie durchwegs in der Schreibweise »Chlan«. Es sind alles Orte am Ufer (bretonisch glann = Ufer).

Alpenländische Nachbarschaft

»Die Alpen enthalten viele Völkerschaften, sämtlich keltische«, schreibt Strabo. In der näheren Umgebung Bayerns sind vor allem Hallein und Bregenz von Bedeutung.

Eine wichtige Siedlungskonzentration ist für uns zunächst in Hallein (heute Sitz eines bedeutenden Keltenmuseums) erkennbar. Die Archäologie bestätigt Wohnstellen in unmittelbarer Umgebung der Stadt an der Salzach und auf dem nahegelegenen Dürrnberg, direkt hinter der deutsch-österreichischen Grenze, wo auch zahlreiche Gräber entdeckt werden.

Noch bedeutender aber ist Bregenz. Im »Itinerarium provinciarum Antonini Augusti« erscheint die Stadt als Brigantia, 39 Meilen von Kempten entfernt, auf der »Tabula Peutingeriana« als Brigantio, 67 Meilen von Augsburg entfernt. Der Ort ist der Endpunkt der von Salzburg ausgehenden Alpenvorlandstraße. Seinen Namen erhält er von einem keltischen Volk, den von Strabo öfter erwähnten Brigantiern, die ein Unterstamm der Vindeliker sind.

Flüsse mit keltischen Namen

Nicht nur viele Orte, auch Gewässer tragen heute noch keltische Namen. In Bayern gibt es nur wenige Flüsse, deren Namen nicht schon um die Zeitenwende bekannt sind oder die nicht mit keltischen Bezeichnungen in Zusammenhang gebracht werden können. Vor allem fällt auf, daß in Gallien, im Ursprungsland der Kelten, und in den Ländern der Restkelten, Irland und Schottland, die Flüsse genauso oder wenigstens so ähnlich heißen wie hierzulande. Dies läßt den Schluß zu, daß die Namen von den Kelten stammen.

Für die antiken Schriftsteller des europäischen Südens und der Mittelmeergebiete Kleinasiens und Afrikas sind die Flüsse unter dem Großen Bären reine Naturwunder. Da sie den Winter nicht in dem Ausmaße kennen wie die Kelten nördlich der Alpen, berichten sie gerne und ausführlich von eiskalten und zugefrorenen Gewässern. Rhein und Donau »sind im Winter zu Eis erstarrt, so daß man wie auf einer Ebene über sie reiten kann«, schreibt beispielsweise Herodianus aus Syrien.

Für die Menschen im Lande sind die Gewässer aus einem anderen Grunde interessant. Aus ihnen wird nämlich das Gold gewaschen, aus dem unter anderem Geld und Geschmeide gemacht werden.

Markantestes Gewässer ist für die Schriftsteller aus fernen Landen der Bodensee, an dessen Ufern nach den Angaben Strabos die Vindeliker, Räter und Helvetier wohnen; also praktisch genauso wie heute, wenn man – etwas gewaltsam vielleicht – unter den Helvetiern die Schweizer, unter den Rätern die außerbayerischen Schwaben und unter den Vindelikern die bayerischen Schwaben versteht.

In der Römerzeit heißt das Gewässer, durch das der Rhein fließt, Bregenzer See. »Lacus Brigantiae« nennt ihn der römische Schriftsteller Ammianus Marcellinus. Vom »Lacus Brigantium« spricht im ersten Jahrhundert nach Christus auch der große Gelehrte Plinius Secundus (um 23-79), der beim Ausbruch des Vesuv ums Leben kommt, in seinem mehrbändigen Werk »Naturalis historia«. Im Bodensee, so berichtet er, ist merkwürdigerweise die Mustela, deren Leber vorzüglich schmeckt, »in derselben Güte beheimatet wie im Meer«. Er meint damit den Sternhai (Mustelus vulgaris), der in allen europäischen Meeren nachweisbar ist.

Ein Hai im Bodensee? Eine berechtigte Frage! Doch um den Bodensee ranken sich in der Antike noch mehrere Gerüchte. So hat nach Aussagen Strabos der See einen Umfang von 500 Stadien (= 89 Kilometer) und eine Breite von fast 200 Stadien (= 36 Kilometer). Diese Maße stimmen ebensowenig wie die Angabe, daß die Isar aus dem Bodensee entspringt.

Dieser Isarfluß steht in einem interessanten Zusammenhang vor allem zu den Boiern, deren einer Teil vor der Zeitenwende aus der gallischen Heimat nach Oberitalien, deren anderer Teil aber nach Böhmen auswandert. Die Boier geben nämlich in jeder der von ihnen bewohnten Gegenden einem

Fluß den Namen eines gallischen Gewässers, der Isère, die man in Rom »Isara« nennt.

In Oberitalien heißt einer der wichtigsten Flüsse, die in nordsüdlicher Richtung fließen, Isarco, eingedeutscht Eisack. In Böhmen, wohin ein anderer Teil der Boier zieht, heißt ein Nebenfluß der Elbe unweit von Prag Iser, und in Bayern, wohin die Boier aus Böhmen ziehen, gibt es die Isar.

Diese Isar nennt Strabo um die Zeitenwende Isara. In den folgenden Jahrhunderten wird der Fluß, der im Gebirge entspringt und in die Donau mündet, meistens Iser genannt. Der Humanist Johann Cochläus (1479-1552) spricht in seinem 1512 erschienenen Werk »Brevis Germanial Descriptio« von Isarus.

Der bedeutendste Fluß in Bayern aber ist die Donau, die nach Darstellung Senecas zusammen mit dem Nil und dem Ozean unmittelbar aus dem Kosmos entstanden ist. Ptolemäus und der Geograph, der die »Tabula Peutingeriana« anfertigt, nennen den Strom Danubius. Strabo dagegen spricht von Ister, ein Name, den noch die Dichter in der Renaissance gebrauchen.

Donau ist höchstwahrscheinlich ebenso eine keltische Bezeichnung (bretonisch don = tief). Von der »tiefen Donau« spricht auch ausdrücklich der römische Dichter Horaz (65-8), auch wenn dessen Worte sicher nicht zur Bestätigung dieser These herangezogen werden dürfen. Ähnlich klingende Flußnamen gibt es im gesamten Keltenraum, den Don in Nordostschottland, den Doon in Südwestschottland und den Don in Westirland.

Nächstgrößter und bedeutendster Fluß ist der

Inn, »der im Grenzgebiet des norischen und rätischen Landes in die Donau mündet«, wie der griechische Schriftsteller und Statthalter von Kappadokien, Flavius Arrianos (um 95 – um 180), schreibt. Er nennt den Fluß Enos. Als Aenus erscheint er im »Itinerarium provinciarum Antonini Augusti«, als Enum bezeichnet ihn der Verfasser der »Tabula Peutingeriana«.

Philipp Apian (1531-1589), der große bayerische Geograph, nennt die natürliche Grenze im Osten des Landes Oenus, wie Johann Cochläus übrigens auch. Auf einer bayrischen Landkarte des 16. Jahrhunderts entdeckt man die Bezeichnung Enos.

Den Namen des Flusses bringen möglicherweise ebenfalls die Boier mit ins Land. Einen Inn gibt es nämlich auch in deren ehemaliger Heimat in Gallien. Dort mündet der Fluß Ain in die Rhone (bretonisch rén = rinne; schottisch rhone = Rinne). In Mittelirland fließt ein Inny River. Der Name dürfte mit »schäumender Fluß« (bretonisch eon = schäumen) wohl richtig gedeutet sein.

Ähnlich verhält es sich mit dem Lech. Ptolemäus nennt ihn Licius, Venantius Fortunatus († um 600), Bischof von Poitiers und gebürtiger Italiener, Licca, und der schon erwähnte Cochläus spricht von Lycus. Als Lykue taucht der Fluß 1566 auf einer bayerischen Landkarte auf.

Der Lech durchfließt das Kernland der Vindeliker. Das Wort stammt wohl ebenfalls aus der keltischen Sprache (bretonisch lez = Ufer). Unverändert erhalten hat sich dieser Name bei der Lez, einem Fluß in Mittelfrankreich, der in die Rhone mündet.

In Gallien kennt man auch einen Fluß Allier, nach

dem unsere Iller, die zur Donau fließt, benannt wird. Die Allier ist ein Nebenfluß der Loire. Allua heißt schließlich noch ein Fluß in Südirland. Auch hier also eine auffallende Ähnlichkeit der geographischen Bezeichnungen!

Menosgada (= Staffelberg) hat seinen Namen wahrscheinlich vom Main. Der Frankenfluß erscheint bei Tacitus und Plinius Secundus als Moenus. Auch dieser Name hält sich bei uns bis zur Gegenwart. Erhard Reych verfertigte 1558 in Tübingen eine Karte, auf der die Namen Moenus und Main zu finden sind. Auf der ersten in Italien gedruckten Bayernkarte, die 1566 Paolo Forlani anfertigt, erscheint der Fluß als Menus, und ebenso nennt ihn auch Cochläus. Einen Fluß mit Namen Main gibt es übrigens auch in Nordirland.

Wahrscheinlich versehen die Kelten auch die kleineren Flüsse mit Namen, so die Leizach, Loisach, Laber, Tauber, Wertach, Pfatter, Paar, Glonn, Partnach und Abens. Dabei haben Leizach und Loisach vermutlich ursprünglich ein und denselben keltischen Namen (bretonisch leiz = feucht).

Die Laber, die in Bayern öfter vorkommt (Nebenflüsse der Donau) und im Mittelalter Labara genannt wird, findet ihr Pendant in Böhmen. Dort nennt man die Elbe im Volksmund Labe.

Die Tauber in Franken mag man als Quelle (schottisch tobar = Quelle) deuten, und auch die Abens wird auf eine keltische Bezeichnung zurückgehen (bretonisch aber = Mündung). Aberdeen in Schottland wäre damit die Stadt an der Mündung des Flusses Dee ins Meer.

Die Pfatter, die westlich von Straubing in die

Donau fließt, heißt ursprünglich Phater und Petera (773). Die Verschiebung des Anlautes ist also erst später festzustellen. Auch dieser Fluß dürfte von den keltischen Einwohnern den Namen (bretonisch pater = schnurren, rauschen) erhalten. Paar bedeutet wahrscheinlich »ebener Fluß« (bretonisch par = eben).

Keltische Namen tragen auch die beiden Flüsse Glonn in Oberbayern und Glan, ein Nebenfluß der Salzach. Die Glan erscheint 790 als Glana, die Glonn noch im 16. Jahrhundert auf zwei Landkarten als Glan. Auch dieses Wort ist heute noch in den keltischen Sprachen Europas in Gebrauch (bretonisch glann = Ufer; schottisch glen = Flußtal; walisisch glan = Ufer). In Frankreich gibt es den Fluß Clain, der durch Poitiers fließt, in Schottland und in Irland je einen Fluß namens Glen.

Radas schließlich ist der Regen, der vom Bayerischen Wald kommend in Regensburg in die Donau mündet. Seinen Namen kennen wir vom keltischen Namen für Regensburg, Radaspona.

Herrschaft und Gesellschaft

Von den Herren und Heeren

Die großen Vorbilder der Kelten in vielen Lebensbereichen sind die Griechen. Schon im vierten Jahrhundert vor Christus nennt Ephoros von Kyme, der Verfasser der ersten griechischen Universalgeschichte, die Kelten »Hellenenfreunde«. Die Sprache, aus der gemeinsamen indogermanischen Wurzel gespeist, verbindet wohl beide Völker am stärksten. Ein Vergleich ergibt, daß zahlreiche keltische Wörter mit den entsprechenden griechischen weitgehend identisch sind oder zumindest so ähnlich klingen.

Wie Caesar berichtet, kennt man in der keltischen Oberschicht auch die griechische Schrift. Daß an der Grenze zu Germanien auf Grabhügeln Denkmale »mit griechischen Schriftzeichen« zu sehen sind, weiß Tacitus in seiner »Germania« zu berichten.

Auch im Geldverkehr orientiert man sich am griechischen Vorbild. Bezahlt wird in Bayern vor der Zeitenwende, wie das Fundgut beweist, mit Münzen, die nicht nur den griechischen nachgeahmt werden, sondern oft genug auch griechische Lettern tragen, wie man noch sehen wird.

Während die Griechen aber zu einer Weltmacht des Geistes aufsteigen, bleibt für uns das Kulturleben der Kelten weitgehend im dunkeln. Es gibt kein einziges Buch aus der Feder eines Kelten.

Schreiben und Lesen sind verboten, berichtet Caesar.

Caesar ist es auch, dem wir zusammen mit Strabo einiges Wissen über die Herrschaftsstruktur der Kelten verdanken. Beide beziehen sich zwar in ihren Schilderungen ausführlich auf die gallischen Stämme. Doch die Verhältnisse kann man auch auf Bayern übertragen. Strabo weist nämlich wiederholt darauf hin, daß die Sitten, Gepflogenheiten und Bräuche bei allen keltischen Stämmen annähernd die gleichen sind.

Nach Aussage der wenigen Quellen gebieten über die europäischen Kelten Könige, von denen wir einen, Brennus, mit Namen kennen. Ungewiß ist aber, ob sich die Monarchie bis zum Ende der Keltenära halten kann. Unter dem jeweiligen König herrschen über die einzelnen Stämme etablierte Fürstendynastien. Wie Strabo berichtet, werden diese Fürsten von einem nicht näher bestimmten Zeitpunkt an aber alljährlich gewählt. Außer ihnen sind gleichzeitig noch eigene Heerführer zu küren.

Gewählt werden Fürsten und Feldherren von eigenen Versammlungen der Oberschichten. Dort geht es oft hektisch zu. »Wenn einer der Teilnehmer den Redenden stört und unterbricht, so tritt der Diener mit gezogenem Schwert hinzu und befiehlt ihm unter Drohung zu schweigen; wenn jener aber nicht aufhört und zum zweiten und dritten Male dasselbe tut, so schneidet er ihm zuletzt soviel vom Mantel ab, daß der übrige Teil unbrauchbar wird«, schreibt Strabo.

Unter den von den Versammlungen gewählten Fürsten und Kriegsherren rangieren, so lauten die

62

archäologischen Befunde, Regionalherren. Solche macht beispielsweise 1981 Udo Osterhaus in Donaustauf bei Regensburg aus. Sie überwachen vom dortigen Burgberg aus »den gesamten Fernverkehr auf der uralten Donausüdstraße und den Schiffsverkehr auf der Donau«, schreibt er im »Archäologischen Jahr in Bayern 1982«.

Die Fürstenhöfe scheinen auch die Handels- und Wirtschaftszentren der Kelten zu sein. Die Archäologie macht in dieser Beziehung ein paar erstaunliche Feststellungen. So wird im Subzentrum Donaustauf Korallenschmuck gefunden, der Verbindungen zu einem Mittelmeerland voraussetzt. In Manching kommt Bernstein zum Vorschein. Man macht also auch mit den Nordländern Geschäfte. Handelsverbindungen zum Süden verraten die Weinamphoren. Schließlich werden in Manching Münzen geprägt.

Neben den weltlichen Herren nehmen auch die Geistlichen Einfluß auf die Politik. Es sind dies die Druiden, die nach den übereinstimmenden Schilderungen Caesars und Strabos viel Autorität, Macht und Prestige haben. Diese Priester, von denen noch ausführlich berichtet wird, sind auch die Juristen der Kelten. »Fast bei allen Zwistigkeiten, sie mögen Staatsangelegenheiten oder Privatvorfälle betreffen, entscheiden sie«, erklärt Caesar. Und er fährt fort: »Sie fällen Urteile, setzen Strafen und Belohnungen fest«.

Unterwirft sich ein Kelte ihren Urteilen nicht, wird er kurzerhand von den Gottesdiensten ausgeschlossen. Caesar: »Das ist die härteste Strafe. Denn wer so mit dem Bann belegt ist, den betrachtet man als einen Ruchlosen und Bösewicht. Alles entfernt sich von ihm, alles flieht den Umgang und die Unterhaltung mit ihm, um ja nicht von ihm angesteckt zu werden. Einem solchen Menschen wird auch auf sein Gesuch keine Rechtsentscheidung zuteil«. Dazu eine Bemerkung am Rande: In Bayern ist bis ins Mittelalter der Kirchenbann mit der Maximalstrafe, der Hinrichtung, verbunden.

In einem Atemzug mit den Druiden nennt Caesar die Ritter, »die etwas gelten und geachtet sind«. Es sind dies die Offiziere, die die keltischen Truppen befehligen. Je vornehmer und reicher so ein Ritter ist, erklärt Caesar, desto mehr Leute hat er unter sich. Bis zum gallischen Feldzug, so berichtet er weiter, führen die Kelten nahezu in jedem Jahr Krieg, »weil sie entweder selbst Gewalttätigkeiten gegen Nachbarn ausüben oder sich gegen solche von anderen zur Wehr setzen müssen«.

Daß die Kelten »rasch zum Kampf bereit sind«, bestätigt auch Strabo. »Deshalb laufen sie, zum Zorne gereizt, scharenweise zum Kampf zusammen und offen und ohne Vorsitz, so daß sie denen, die sie durch Kriegslist überwinden wollen, leicht besiegbar werden«. Wer allerdings die Kelten herausfordert, bekomme schnell ihre »Kraft und Kühnheit« zu spüren. »Ihre Stärke rührt teils von ihrer Körpergröße, teils von ihrer Menge her«, erzählt Strabo.

Aber so berühmt Kraft und Kriegstüchtigkeit der Kelten in der Antike sind, so berüchtigt ist auch ihre fast beispiellose Barbarei. Wenn keltische Krieger aus einer Schlacht zurückkehren, hängen sie »die Köpfe der getöteten Feinde über den Hals der

Pferde« und nageln die Beute dann zu Hause an die Türen, berichtet Strabo.

Die Köpfe der vornehmen Gefallenen bestreichen die keltischen Soldaten mit Zedernöl, zeigen sie dann ihren Besuchern und Bekannten und sind nicht bereit, die Beute »für eine gleich schwere Goldmasse auszulösen«. Strabo bezieht sich bei seiner Aussage auf den Universalgelehrten Poseidonios, den Lehrer von Pompejus und Cicero.

Daß auch die Kelten in Bayern den Kopfkult betreiben, beweisen Bodenfunde. In diesem Zusammenhang sind vor allem die aus der Keltenzeit stammenden Kultbestattungen von Pferdeschädeln zu erwähnen. In Holzkirchen im Ries wird aus der Zeit vor Christi Geburt ein Schädel eines jungen Hengstes gefunden. Es ist möglich, daß der Kopf ursprünglich den Giebel eines der dort entdeckten Häuser ziert. Sauber abgetrennte Pferdeschädel graben die Archäologen auch in der Keltensiedlung Manching frei. Auffallend sind schließlich noch die bayerischen Orte, deren Namen möglicherweise mit dem Kopfkult in Verbindung zu bringen sind, so beispielsweise Roßhaupten, Hundshaupten und Thierhaupten.

Nahezu nichts wissen wir über die Unterschichten. Wer ist der »gemeine Mann«, den Caesar erwähnt, wirklich? lautet die Hauptfrage. Es heißt zwar, daß dieser »gemeine Mann beinahe wie ein Sklave behandelt wird« und daß er »nichts von sich aus zu unternehmen wagt und zu keiner Beratung zugezogen wird«, aber über den Anteil dieser Leute in der Gesellschaft, über ihre materielle Lage und über ihr Können und Wissen, über Aufstiegsmöglichkeiten in eine Mittelschicht, über deren Rechte und Pflichten wiederum, schweigt sich Caesar aus.

Will man ein Resümee zum Thema Herrschaft ziehen, so muß man feststellen, daß viele Fragen und wenige Antworten bleiben. Vor allem fehlen Nachrichten über das Königtum. So ist man voll und ganz auf die Erkenntnisse der Archäologie angewiesen. Von ihr erhofft man sich auch mehr Informationen über die Regionalherren. Freilich, das kann Generationen dauern!

Wie auch die Herrschaft letztlich strukturiert ist, fest steht, daß die Innen- und mit großer Wahrscheinlichkeit auch die Wirtschaftspolitik den Fürsten obliegt. Für die Justiz sind die Druiden zuständig. Sie allein decken auch den religiösen Bereich ab. Das Kriegswesen liegt in den Händen der Ritter. Ob die Kelten einen Oberbefehlshaber kennen, wissen wir nicht. Möglicherweise ist es in der Monarchie der König selbst.

Die Familie

Unumstritten ist in der keltischen Gesellschaft der jeweils älteste Mann das Oberhaupt eines Familienverbandes, der Dutzende von Personen umfassen kann. »Die Männer haben Gewalt über Leben und Tod ihrer Frauen und Kinder«, schreibt Caesar.

»Stirbt ein vornehmer Hausvater«, so fährt er fort, »so versammeln sich seine nächsten Freunde, und wenn man irgend einen (Mord-)Verdacht schöpfen kann, so unterziehen sie die Frauen einer so scharfen Prüfung, als wären sie Sklaven«. Findet man sie für schuldig, »so werden sie mit Feuer und allen erdenklichen Martern hingerichtet.«

Dies ist das einzige wichtige Zitat, das uns von einer keltischen Familie überliefert ist. Resümee: Der Wille des keltischen Mannes ist das Maß aller Dinge; er hat mehrere Frauen; vor ihm zittern die Familienmitglieder, weil er ganz legal zum Schwert greifen und töten darf; die Tyrannei des Mannes geht mitunter so weit, daß ihn seine Frauen ermorden.

Die Frau ist also ein absolut rechtloses Wesen, eine bessere Sklavin, vielleicht nicht einmal das. Sie ist gefügig in allen Dingen. Erst das Christentum beginnt mit ihrer Befreiung. So erklärt der Freisinger Bischof Arbeo im achten Jahrhundert: »Eine Frau darf man nicht um der Fleischeslust willen nehmen«.

Doch wenn Liebe und Leidenschaft im Spiel sind, scheinen die Kelten auch galant und kulant zu sein. Wie anders ist der geschmack- und wertvolle Schmuck, der in den Frauengräbern zwischen Alpen und Main gefunden wird, sonst zu deuten? Viele Männer geben viel Geld aus, damit sich ihre Frauen mit Gold und Geschmeide zieren können.

Der Frauenschmuck der Kelten gehört zu den ersten Höhepunkten deutscher Wertarbeit. Die Archäologen fördern während ihrer Grabungen bildhübsche Fibeln, Glasperlen, Armreife und Ringe zutage. Es handelt sich oft um Stücke, wie sie heute nur noch wenige Meister herstellen könnten.

Um 500 vor Christus tragen die Frauen Ringe an ihren Fingern, die ihnen so angepaßt werden, daß der Schmuck nicht mehr abgenommen werden kann. Dann werden die Ringe weiter, so daß sie wieder abzulegen sind, berichtet Hans Peter Uenze von der Prähistorischen Staatssammlung in München.

In einem Frauengrab in Traunstein, um mit einem kleinen repräsentativen Überblick über den Schmuck der keltischen Damen zu beginnen, kommen eine Fibel und ein Gürtelhaken aus der Zeit um 100 vor Christus zum Vorschein. Bei Hallein, direkt an der österreichisch-bayerischen Grenze, bringt man in Erfahrung, daß die Frauen der Kelten ins Haar gedrehte Golddrähte und -ringlein tragen, genau wie die reichen Regensburger Patrizierfrauen im Hochmittelalter.

In Lenting bei Ingolstadt findet man ein Frauengrab mit ungewöhnlich hübschen Schmuckstücken, unter anderem eine bronzene Gürtelkette. Ein solches Schmuckstück kommt auch in Thierhaupten bei Augsburg zum Vorschein. Eine Pferdchenfibel holt man aus einem frühkeltischen Grab in Sengkofen bei Regensburg.

Die Frauen in Manching tragen Kolliers mit kobaltblauen und gelben Glasperlen, Bronzespiralringe, Lendenkettchen und Armreifen. Außer Armringen kommen um 300 vor Christus bei den Frauen auch Beinringe in Mode. Entdeckt werden solch extravagante Stücke unter anderem in Langengeisling bei Erding.

In Ederheim bei Nördlingen gräbt man eine bezaubernde Kette mit 34 kobaltblauen Glasperlen, zwei elegante Armringpaare, eine Tierkopf- und eine Vogelkopffibel aus, im Raitenbucher Forst bei Weißenburg werden Ohrringe und Fußzierfibeln

68

entdeckt. Einer jungen »Würzburgerin« gibt man Hals- und Armschmuck und mehrere kobaltblaue Glaskugeln mit ins Grab.

Ein typisches Schmuckstück ist auch der Torques, ein Halsring, der aus Gold oder anderen edlen Metallen hergestellt wird. Die beiden Enden sind oft mit Ornamenten oder Tierköpfen versehen. Ein zierlicher Bronzetorques von elf Zentimeter Durchmesser wird in Hofham bei Landshut gefunden, ein anderer ganz in der Nähe des Marienberges von Würzburg.

Für ihre Frauen lassen die Männer sogar Schmuck aus dem Ausland kommen. Besonders in Manching werden viel fremdländische Kleinodien aus der Erde geholt. Bei den Ausgrabungen in Donaustauf bei Regensburg findet der dortige Grabungsleiter Udo Osterhaus 1981 eine Bronzefibel mit eingelegten Korallen aus dem Mittelmeer. Sie stammt aus der Zeit um 400 vor Christus. Bernsteinringe und -perlen legt man unter anderem in Burggrumbach bei Würzburg und in Otzing bei Deggendorf frei.

Nicht gesichert ist die Stellung der Witwe in einer Familie. Ceasar berichtet nämlich nicht nur vom rechtlosen Status der Frau, sondern auch davon, daß ihr beim Tod des Mannes ein Teil des Vermögens zur freien Nutzung verbleibt. Sie behält die Mitgift und die Morgengabe und den daraus erzielten Gewinn.

Eine Sonderstellung nehmen nach Caesar die Kinder ein. Er schreibt von »einer Sitte, die man bei keinem Volk sonst auf der Welt« antrifft: »Kein Kind hat einen öffentlichen Zutritt zu seinem Vater, es sei denn es habe das Alter zu den Kriegsdiensten;

und man sieht es bei ihnen (den Kelten) als etwas Schändliches an, wenn ein Sohn in der Minderjährigkeit sich öffentlich bei seinem Vater sehen läßt«.

Daß die Kinder andererseits auch verwöhnt werden, teilen uns die Archäologen mit. In Ederheim bei Nördlingen findet man ein Grab eines etwa siebenjährigen Kindes mit einem Ösenhalsring, zwei kleinen Ringen an den Schläfen und zwei Armringen. Mit einem geschlossenen Ring um den Hals wird ein Kind im heutigen Staatsforst Mühlhart bei Fürstenfeldbruck bestattet. Neben dem Skelett liegt eine Eisenknopffibel, ein ganz seltenes Stück aus dieser Zeit. In Süßberg bei Regensburg wird neben der Mutter ein Kind beerdigt, dem ein Ösenring mit ins Grab gegeben wird.

Welchen Stellenwert nimmt aber die Familie in der Gesellschaft ein? Den wenigen literarischen Zeugnissen kann man entnehmen, daß sich die Kelten den von der Herrschaft gesetzten Reglementierungen und den allgemeinen Gebräuchen total unterzuordnen haben. So besteht eine rigorose Kriegsdienstpflicht, was heißt, daß die Männer oft fern ihrer Familie weilen. Weiter ist es unmöglich, sich den Vorschriften der Religion, auf die noch ausführlich eingegangen wird, zu entziehen.

Der Alltag der Kelten

Wie aber sehen die Bewohner Bayerns vor und um Christi Geburt aus, wie kleiden sie sich, wie und wo wohnen sie, wie ernähren sie sich, wie sehen ihre Werkzeuge aus und wie funktioniert ihre Wirtschaft?

Zunächst einmal ist über ihre Körpergröße nichts Außergewöhnliches zu berichten. Die Skelette, die in den Gräbern gefunden werden, fallen durch keinerlei besondere Kennzeichen auf. Daß die Leute in den Alpengebieten häufig Kröpfe haben, berichtet bereits der römische Satiriker Iuvenal. Die langen Haare der Kelten hebt ausdrücklich Strabo hervor.

Rückschlüsse auf die Kleider sind aus den Ausgrabungen kaum zu gewinnen. Da Strabo den Schmuck der Kelten so beschreibt, wie er sich im bayerischen Boden wiederfindet, dürfen wir annehmen, daß auch seine Ausführungen über deren Gewänder für das Land nördlich der Alpen weitgehend zutreffen. Die Kleider, so sagt er, sind bunt gefärbt und oft goldbestickt. Die Mäntel werden kurz getragen, die Hosen enganliegend. Die Jacken reichen bis zur Lende. Insgesamt seien die Kelten »prahlerisch und putzsüchtig«.

Gewohnt wird im allgemeinen ziemlich primitiv. Man baut die Häuser ebenerdig aus Brettern und Flechtwerk. In Manching sind die Gebäude gewöhnlich neun Meter lang und sechs Meter breit. Es ist also der »Goldene Schnitt« bekannt.

In Holzkirchen im Ries kann man ein Haus mit den Ausmaßen 6,5 mal 9 Meter rekonstruieren. Es handelt sich sicher um ein Giebelhaus, was die Reste der drei mittleren Pfosten, die einen Firstbalken tragen, beweisen. Fast die gleichen Maße hat ein Haus, dessen Überreste auf dem Goldberg bei Pflaumloch im Ries gefunden werden. Daneben gibt es auch sehr kleine Bauten. In Nördlingen ist ein Häuschen gerade 2,6 Meter lang und 1,8 Meter breit. Auch diese Kleinbauten tragen Giebeldächer.

Die Wände der Keltenhäuser in Bayern sind in der Früh- und Mittellatènezeit fast ausschließlich aus Holz. Im letzten Jahrhundert vor Christus werden sie dann meist aus Holzzweigen gewunden (von Winden leitet sich das Wort Wand ab), mit Lehm verschmiert und mit weißer Farbe getüncht.

Vor Regen schützt ein dickes Rohrdach. Regelrechte Keller gibt es nach den derzeitigen Erkenntnissen unter den Häusern nicht. Allerdings werden in Manching Vorratsgruben entdeckt. Höchstwahrscheinlich kennt man auch keine Fenster.

In Manching läßt sich auch nachweisen, daß viele Häuser offenbar auf klaren Baulinien errichtet werden. Das heißt, es liegt eine Art Städteplanung vor. Die Häuser werden in dieser frühen bayerischen Hauptstadt öfter umgebaut, stellen Archäologen fest.

In den Holzbauten im Ries sind Feuerstellen nachzuweisen. Der Herd, der in einem Haus am Nordhang des Hahnenberges bei Balgheim gefunden wird, besteht aus einem Kreis hoher Steine. Der Durchmesser beträgt 60 Zentimeter. Ringsherum entdeckt man Scherben, Knochen von Tieren, Brandspuren und Holzkohlen.

Wie diese Häuser der Kelten ausgestattet sind, ob und welche Möbel benützt werden, wissen wir nicht. Dies ist auch nicht verwunderlich. Denn selbst über die Privaträume der Romanik können wir keine sicheren Aussagen machen. Und das ist immerhin mehr als eineinhalb Jahrtausende später. Wir sind also wieder auf das Zeugnis antiker Schriftsteller angewiesen.

»Die meisten Kelten liegen auf der Erde«, schreibt

Strabo. Gespeist wird »auf Strohkissen sitzend«, berichtet er weiter. Diese dürren Sätze legen die Vermutung nahe, daß es keine der römischen vergleichbare Wohnkultur gibt.

Von dem Familienleben, das sich in diesen Häusern abspielt, von den Menschen, die dort wohnen, ihrer Anzahl, ihren täglichen Gewohnheiten, wissen wir nichts. Was aber den Alltag der keltischen Bauern und Handwerker in den Werkstätten und Bauernhöfen betrifft, sind wir gut informiert. Die Funde im bayerischen Boden, vor allem in Manching, geben uns einen exakten Überblick über das handwerkliche Können und die Werkzeuge der Kelten. Manche Produkte sind so raffiniert angefertigt, daß man sich selbst mit heutigen Methoden schwer tut, sie nachzubilden.

Einen faszinierenden Einblick in eine keltische Werkstatt gibt uns die Prähistorische Staatssammlung in München. Dort werden Schlüssel und Schlösser, Stemm- und Steckeisen, Sägen und Schaufeln, Amboß und Hammer, Flachzangen und Feilen, Löffelbohrer und Laubmesser, Meißel und Messer ausgestellt, die alle in der Zeit vor Christi Geburt benützt werden.

Neben diesen Werkzeugen sieht man auch eine breite Palette von landwirtschaftlichen Geräten. Unter anderem sind bei den Bauern dieser Zeit Pflugschare, Sensen, Radreifen (ein Eisenreifen mit einem Durchmesser von rund einem Meter aus Manching ist in München ausgestellt) und Transportketten in Gebrauch. Die Sensen schärft man mit Wetzsteinen, die ebenfalls gefunden werden.

Mit Widerhaken versehene Angelhaken, die den

heute gebräuchlichen sehr ähneln, werden ebenfalls im bayerischen Boden gefunden.

Daß Fisch auf dem Speisezettel der Kelten steht, bestätigt auch Plinius Secundus, der den Waller oder Wels hervorhebt, den zweitgrößten Fisch Mitteleuropas, der bis zu drei Meter lang und 250 Kilogramm schwer wird. Nach seiner Aussage ist der Waller im Main und in der Donau beheimatet.

»Der Waller«, so schreibt er, »raubt allenthalben, trachtet nach jedem Tier und zieht oft schwimmende Pferde unter das Wasser«. Wegen der ungeheuren Kräfte des Fisches müssen die Angler die Widerhaken an Eisenketten befestigen. Die Mainfischer hängen diese Ketten an ein Ochsengespann, um den Waller an Land ziehen zu können.

Daß es in den bayerischen Gewässern »Fische in großer Zahl« gibt, berichtet 700 Jahre nach dem römischen Schriftsteller auch der Freisinger Bischof und Literat Arbeo in seiner Lebensbeschreibung des heiligen Emmeram.

In der Küche der Kelten, so ist nach den Bodenfunden zu schließen, werden Schüsseln, Gefäße, Fleischgabeln, Messer und Bratspieße, Geräte also, die auf eine Ernährung mit überwiegend tierischen Produkten deuten, verwendet. »Ihre meiste Nahrung besteht in Milch und allerlei Fleisch, vorzüglich aber Schweinefleisch, teils frisch, teils eingesalzen«, bestätigt Strabo.

Es werden also Kühe und Ziegen gehalten, die die Milch liefern, und Schweine, die nach den Angaben Strabos »auf freiem Feld leben und sich durch Höhe, Stärke und Behendigkeit auszeichnen«. Sie seien so stark, daß sie sogar auf Wölfe losgehen.

Von der »Stärke und Schnelligkeit« der Rinder nördlich der Alpen schreibt Plinius Secundus: »Es gibt ausgezeichnete Arten wilder Ochsen«.

Die Angaben der antiken Schriftsteller werden durch die Funde im bayerischen Boden bestätigt. Vierzig Prozent der in Manching ausgegrabenen Tierknochen stammen von kräftigen Rindern, über dreißig Prozent von Schweinen und zwanzig Prozent von Ziegen und Schafen.

Eine Analyse ergibt, daß man Kälber, die jünger als ein Jahr alt sind, überhaupt nicht schlachtet. Der Großteil der Rinder wird etwa drei Jahre alt. Allerdings fällt auch eine größere Zahl von alten Tieren auf. Sie werden offensichtlich zur Zucht oder wegen der Milch gehalten.

Einen breiten Überblick über die Speisen und Getränke der Kelten in Bayern vor und um Christi Geburt gibt uns das Fundgut im Ries. Dort findet man Knochen und Zähne von Rindern, Schweinen und Ziegen, dazu auch Teile von Gebrauchsgegenständen, die Reste von Nahrungsmitteln enthalten. Insbesondere in Nördlingen, Holzkirchen, Pflaumloch und Balgheim sind die Grabungen sehr ergiebig.

Unter anderem stellt man fest, daß die Kelten Schweinefett auslassen, Hefe und Salz verwenden und pflanzliche Fette gewinnen. Mehl wird vor allem aus Weizen und Ackerbohnen gewonnen. Das Brot bäckt man in Gefäßen.

Folgende Gerichte lassen sich im Ries nachweisen:
– Eintopf, bestehend aus gekochtem Schweinefleisch und Weizenschrotmehl,
– Rindfleisch im Topf gebraten,

– Weizenbrei mit Fett gekocht,
– Eingesalzenes Schweinefleisch,
– Mehlbrei mit Milch gekocht.

Ein beliebtes und offenbar verbreitetes Getränk ist das Bier. Plinius Secundus berichtet ausdrücklich, daß die Kelten »berauschende Getränke von benetztem Getreide« (= Malz) brauen können. Manchmal, so sagt er an einer anderen Stelle, benützen die Frauen den Bierschaum (bretonisch spoum; englisch foam; bayerisch Foam) dazu, ihre »Haut im Gesicht zu konservieren«.

Daß sich auch die Kelten in Bayern schon vor Christi Geburt aufs Bierbrauen verstehen, beweisen Spuren an keltischen Gebrauchsgegenständen. Unter anderem lassen Reste von Gerste in einem Gefäß, das auf dem Goldberg bei Pflaumloch gefunden wird, den Schluß zu, daß die Kelten zur Vergärung eine Biermaische ansetzen. In einer Schüssel, die aus Nördlingen stammt, entdeckt man Getreiderückstände, Gärungsorganismen und Pollenkörner. Es handelt sich also um Reste von Starkbier, das aus Weizen und Honig gebraut wird.

Neben dem Bier trinken die Kelten auch Wein. Als erste bringen ihnen italienische Händler diesen »neuartigen Genuß«, wie Plutarch schreibt. Daß man darauf insbesondere in Manching dem Wein zuspricht, läßt sich aus Funden von Tonamphoren von einem Meter Höhe schließen, die dort ausgegraben werden. Sie haben die gleiche Form und Größe wie die Weinamphoren, die aus einem versunkenen römischen Handelsschiff in der Nähe von Albenga an der Riviera gehoben werden.

Auch nach der Zeitenwende findet italienischer

Wein den Weg über die Alpen. Das beweist neben vielen überlieferten Urkunden aus Stein auch das Epitaph des Weinhändlers Publio Tenatio Essimnus (43-100) aus Trient, das erst in jüngster Zeit aus dem Inn gebaggert wird. Ausdrücklich betont auch Cornelius Tacitus, daß die Bewohner am Donauufer Wein kaufen.

Aufbewahrt wird der Wein in eigenen mehr oder weniger kunstvoll gefertigten Tongefäßen, die auf der Töpferscheibe hergestellt werden. Im Mainfränkischen Museum in Würzburg ist eine Tonflasche ausgestellt, die gerne als der älteste Bocksbeutel angesehen wird. Es ist eine zwanzig Zentimeter hohe, bauchige Flasche mit einem Mündungsdurchmesser von vier Zentimetern. Datiert wird das bei Wenigumstand bei Aschaffenburg gefundene Tongefäß in das erste Jahrhundert vor Christus. Ähnliche Flaschen sind auch in Gallien bei den dortigen Kelten in Gebrauch, wie Bodenfunde zeigen.

Wer Wein genießt, läßt es sich auch auf andere Art und Weise gutgehen. Die antiken Schriftsteller erwähnen immer wieder das Würfelspiel. Daß auch die Kelten in Bayern diesem Vergnügen nachgehen, beweisen die Bodenfunde. So werden in Manching Würfel geborgen, wie wir sie in abgewandelter Form noch heute benützen. Sie sind im Schnitt 1,25 Zentimeter lang und 0,7 Zentimeter breit. Im Gegensatz zu den heutigen Würfeln fehlen die Seiten mit einem und zwei Augen. Die eingebohrten Grübchen auf den restlichen Seiten sind genauso angeordnet wie an unseren Würfeln, wie wir sie etwa zum »Mensch-ärgere-dich-nicht« Spiel benützen.

Spielwürfel werden auch in Pollanten bei Neumarkt in der Oberpfalz gefunden. Sie sind ebenfalls länglich und stammen aus der Zeit um 150 vor Christus. Aufbewahrt und gezeigt werden sie im Städtischen Museum in Regensburg.

Freilich, daß nicht zu üppig gelebt wird, dafür sorgen neben Religion und Bräuchen auch der wenig ertragreiche Bauernboden. Wie die Christen scheinen auch die heidnischen Kelten gewisse Fastengebote zu kennen. Strabo erzählt, daß sich diese bemühen, »nicht fett und dickbäuchig zu werden«. Ein junger Mann, »der das gewöhnliche Gürtelmaß überschreitet, wird bestraft«.

Solchen Strafen sind natürlich Städter und Angehörige der Oberschichten eher ausgesetzt als die Landbewohner in unwirtlichen Gegenden, worauf auch Strabo hinweist. Unfruchtbares Land, so schreibt er, finde sich vor allem in den Bergen. Dort gibt es seiner Darstellung nach zwar auch »gut zum Feldbau geeignete Gegenden und trefflich angebaute Täler«, aber der Großteil sei »kümmerlich und unfruchtbar wegen des Reifes und der Rauhheit des Landes«. Dort werden unter anderem Harz, Pech, Kienholz, Wachs, Honig und Käse produziert und verarbeitet, mit denen die Bewohner auch fleißig handeln.

Abnehmer dieser Erzeugnisse sind vor allem die unmittelbaren Nachbarn. Daneben gibt es aber auch einen florierenden Fernhandel. Die Handelsbeziehungen reichen bis weit nach Gallien, Germanien und Griechenland, wie uns Bodenfunde immer wieder beweisen.

Von den Funden auf dem Staffelberg ist besonders eine um 200 vor Christus geprägte Silberdrachme des Königs Ariarathes IV. von Kappadokien in Kleinasien hervorzuheben. Kappadokiens westliche Nachbarn sind die Galater, also ebenfalls Kelten. Die Vermutung liegt nahe, daß damals Handelsverbindungen zwischen Bayern und Galatern bestehen. In diesem Fall kann man also sogar noch von binnenkeltischen Beziehungen sprechen.

Es gibt also Hinweise, daß sich die Gültigkeit der keltischen Geldstücke praktisch über den ganzen mitteleuropäischen Bereich hinaus nach Vorderasien erstreckt. Geprägt wird das im heutigen Bayern verwendete Geld zunächst in Gallien und Norikum. Mit dem Prägen eigener Münzen beginnt man in Bayern erst um 200 vor Christus. Vielleicht markiert diese Epoche auch generell den Übergang vom Tausch- zum Geldhandel in der keltischen Wirtschaft. Interessant ist, daß in diese Zeit auch die wirtschaftliche Blüte Bayerns in der Antike fällt.

Eine gesicherte Münze besteht in Manching. Dort werden bei den Ausgrabungen Prägeformen gefunden, und dort graben Archäologen auch eine Münzwaage mit einem 18 Zentimeter langen Querbalken frei.

Am Werk sind in Bayern aber auch Falschmünzer. Unter anderem werden Geldstücke aus schlechtem Material gefunden. Diese Münzen gehören zum antiken Falschgeld, wie es fast überall in der damaligen Handelswelt im Umlauf ist.

Wie eingangs erwähnt, dient den Münzmeistern in Bayern das griechische Geld als Vorbild. Die Boier prägen noch in der Zeit, in der sie auch in Böhmen leben, vor allem die Münzen Alexanders des Großen (356-323), die sogenannten Goldstater, nach. Auf deren Vorderseite ist der Kopf der Athene mit Helm abgebildet.

Imitiert wird auch der Philipper-Stater Philipps II. von Makedonien (um 382-336), des Vaters von Alexander dem Großen. Auf dieser Münze ist der Kopf des Apollo mit Lorbeerkranz zu sehen, auf der Rückseite ein Wagenlenker mit Gespann.

Am bekanntesten sind aber die sogenannten Regenbogenschüsselchen. Der Name ist dem Volksglauben entnommen. Man erzählt nämlich, daß der Regenbogen an seinen beiden unteren Enden eine Goldspur in Form dieser schüsselförmigen Goldmünzen zurücklasse.

Typisch für diese Münzen ist, daß die Vorderseite konvex, die Rückseite konkav ist. Diese Geldstücke dienen vor allem den Kelten in Bayern, also den Boiern und Vindelikern als Zahlungsmittel. In Gebrauch sind die Regenbogenschüsselchen in den beiden Jahrhunderten vor Christi Geburt.

Speziell von den Boiern geprägt wird noch der sogenannte Rolltierstater aus Gold. Die konvexe Seite zeigt ein Werkzeug, die konkave Seite einen Drachen mit zusammengerolltem Körper. Wie wir noch sehen werden, ist der Drache das Symbol für die höchste keltische Gottheit. Ähnliche Münzen sind auch bei den Vindelikern in Umlauf.

Interessante Kollektionen keltischer Münzen befinden sich in der Staatlichen Münzsammlung und in der Prähistorischen Staatssammlung (beide in München).

Keltischer Kult

Glaube an Unsterblichkeit und Weltuntergang

Wenn Bayern in der Vergangenheit in den Reisebeschreibungen, Briefen, Memoiren, Zeitungsartikeln und Protokollen immer wieder als ein Land erscheint, in dem Glaube und Geistliche hochgeachtet und angesehen sind, so hat das eine lange Tradition. Kultische Viereckschanzen, die es praktisch überall in Bayern gibt, und Bodenfunde liefern den Beweis, daß hierzulande vor und um Christi Geburt Menschen mit festen Glaubensvorstellungen leben.

Die Religion hat viele Berührungspunkte mit dem Christentum des Mittelalters. Den wichtigsten Glaubenssatz der Kelten überliefert uns Strabo: »Die Seelen und die Welt sind unvergänglich, einst aber gewinnen Feuer und Wasser die Oberhand«.

Ähnliches berichtet Marcus Annaeus Lucanus (39-65), der Neffe Senecas. Er, der in Cordoba geboren ist, mit einem Jahr nach Rom gebracht wird, in Athen studiert, sich schließlich gegen Kaiser Nero (37-68) verschwört und knapp 26jährig Selbstmord begeht, schreibt in seinem Epos »Bürgerkrieg« über die keltische Religion: »Die Totenseelen suchen nicht das stille Land der Finsternis, das Geisterreich des Höllenfürsten drunten auf, vielmehr atmet und lebt der Körper unverändert in einer anderen Sphäre weiter«.

Das heißt, so fährt Lucanus fort, daß »der Tod

nur in der Mitte eines langen Lebens steht«. Damit seien die Kelten »glücklich in ihrem Wahn, weil sie der größte aller Schrecken nicht bedrängt, die Todesfurcht«. Viele gingen »mit Begeisterung« in den Tod. Es scheine ihnen feige, »ein Leben zu schonen, das doch wiederkommen soll«.

Irgendwie ist Marcus Annaeus Lucanus von diesem keltischen Glauben fasziniert. Tatsächlich machen sich er und vor allem sein Onkel Seneca viele Gedanken über das Lebensende. »Wer den Tod fürchtet, wird auch nie etwas im Leben ausrichten«, schreibt Seneca, der ja ebenfalls von Kaiser Nero gezwungen wird, sich zu töten.

Über die Götter dieser keltischen Religion gibt es in der Literatur der Antike nicht sehr viele Hinweise. Wir wissen in erster Linie, daß sie mit denen der griechischen und römischen Mythologie nahezu identisch sind. »Von allen Gottheiten haben sie (die Kelten) ungefähr dieselben Vorstellungen wie die anderen Völker«, schreibt Caesar.

Der Krieger und Chronist nennt die Götter der Kelten mit den römischen Namen. Er geht dabei auch ganz kurz auf ihre speziellen Funktionen ein:
- Jupiter, »der oberste Himmelsgott«.
- Apollo, »Heiler der Krankheiten«.
- Mars, der Leiter der Kriege, dem »die Kriegsbeute gelobt wird«.
- Merkur, »der Erfinder der Künste, der Geleitmann auf den Wegen und Straßen«. Er hat den »größten Einfluß auf Gewinn und Handel«.
- Minerva, »Lehrerin der Anfangsgründe und der Künste«.

Diese »translatio Romana« sagt nichts über die

82

Namen der keltischen Gottheiten aus. Originalnamen erfahren wir dagegen noch von anderen Schriftstellern. So nennt der erste große Kirchenschriftsteller Quintus Septimus Florens Tertullian (um 160 - um 222), der in Karthago geboren wird, 190 zum Christentum konvertiert, um 205 mit der Kirche bricht und rund 17 Jahre später in seiner Geburtsstadt stirbt, die Göttin

– Epona, die er mit »Zugvieh und Mauleseln« in Verbindung bringt und die allgemein auch als Pferdegöttin gilt.

Einen weiteren Gott überliefert uns der im syrischen Samosata geborene griechische Historiker Lukian (um 120 - um 180). Er erwähnt

– Ogmios, der mit Herkules gleichgesetzt wird und Waffen trägt.

Epona und Ogmios spielen am keltischen Götterhimmel aber eine untergeordnete Rolle. Die drei wichtigsten Namen überliefert uns Marcus Annaeus Lucanus im ersten nachchristlichen Jahrhundert. Er nennt:

– Teutates, den er als einen Unhold charakterisiert,
– Esus mit einem »entsetzlichen Barbarenaltar«,
– Taranis, dem Menschen geopfert werden.

Dieser Hinweis des römischen Schriftstellers ist für die Historiker von ausschlaggebender Bedeutung. Er untermauert nicht nur die Aussagen Caesars, sondern läßt in Verbindung mit dem Opferkessel von Gundestrup einige interessante Schlüsse zu.

Zunächst einmal überrascht, daß der römische Schriftsteller von einer Trias spricht, wie wir sie aus der etruskischen, griechischen und römischen My-

thologie kennen und wie sie später im Christentum –
dann allerdings als Trinität (drei Gottheiten in einer
Person) – auftritt. Die Etrusker verehren die Trias
Tinia, Uni und Menrva, die Griechen Zeus, Hera
und Athene, die Römer – wie auf dem Kapitol in
Rom dargestellt – Jupiter, Juno und Minerva.

Teutates – der Gott mit dem Drachen

Bei einer Analyse der von Marcus Annaeus Lucanus
genannten Götternamen lautet die wichtigste Frage,
welche Funktionen den einzelnen Gottheiten zu-
kommen. Wer also ist zunächst Teutates?

Aus den Lexika der restkeltischen Sprachen in
Europa läßt sich kombinieren, daß der Teutates der
Kelten genau dem in Rom verehrten Jupiter entspricht, in dessen Namen das Wort »pater« (lateinisch pater = Vater) steckt. Er findet seine Entsprechung weiter im Zeus pater der Griechen, im Dyaus
(= Zeus) pitar der Inder und im Gottvater des Christentums.

Teutates läßt sich deuten als »der starke Vater«
(bretonisch teo = stark, tad = Vater; walisisch tad =
Vater). Tad beziehungsweise Dad(dy) haben sich als
Wort für Vater bis heute im Bayerischen und Englischen erhalten.

Diesem Teutates werden von den Kelten Menschen geopfert. Marcus Annaeus Lucanus spricht
von einer »gräßlichen Schlachtung bei dem Unhold
(lateinisch immitis) Teutates«.

Sein Bild erkennen wir auf dem Opferkessel von
Gundestrup, in den zur Keltenzeit wahrscheinlich

viel menschliches Blut zusammenfließt. Teutates ist auf diesem Silberkessel als ein sehr ernst schauender, bärtiger Mann abgebildet, der seine beiden Fäuste erhebt. Unter ihm erkennt man drei Drachen oder Greife, die mit Flügeln und Beinen von rechts nach links eilen. Diese Kreaturen sind seine Symbole.

Gerade der Drache ist es, der in der keltischen Mythologie eine überragende Bedeutung hat und der in den bretonischen Volkssagen bis in unsere Zeit eine sehr wichtige Rolle spielt.

Wie wir aus der »Naturgeschichte« des Plinius Secundus wissen, ist der Drache in der Vorstellung der Antike das größte und stärkste Lebewesen. Er überwindet sogar Elefanten und Stiere. Diese Feststellung ist deswegen sehr wichtig, weil diese beiden Tiere die Symbole der anderen keltischen Gottheiten sind.

Offensichtlich wird der Drache von den Kelten als ein Symbol des Guten angesehen. Das ist nicht selbstverständlich, da er bei den Babyloniern und Persern als Sinnbild des Bösen gilt. In der hinduistischen Mythologie besiegt der beliebte Gott Indra den Drachen.

Andererseits ist der Drache aber in anderen asiatischen Mythologien ein Wesen mit höchst verehrungswürdigen Seiten. In China und Japan gilt er unter anderem als Symbol der Fruchtbarkeit und der höchsten Stelle des Himmels. Obendrein ist er das Attribut hochadeliger Personen.

Im Christentum freilich symbolisiert der Drache das Böse schlechthin und damit das Heidentum. Er wird von den Missionaren als der große Feind dargestellt. Dante Alighieri (1265-1321) identifiziert in der »Göttlichen Komödie« den Drachen sogar mit dem Teufel.

Besonders im Mittelalter ist in Bayern die Bekämpfung des Drachen ein immerwährendes Thema. Wir finden das Ungetier unter anderem an der sogenannten Bestiensäule in der Freisinger Domkrypta, am romanischen Portal von St. Peter in Straubing, im Tympanon des Westportals der romanischen Kirche von Altenstadt bei Schongau, in der Stiftskirche in Berchtesgaden und auf zahlreichen mittelalterlichen Miniaturbildern, die in Bamberg, Scheyern und Prüfening gemalt werden.

Sogar in der Volkskunde hat sich der Drachenkampf in verschiedenen Variationen bis heute erhalten. »Drack« ist laut Johann Andreas Schmeller (1785-1852), ein Schimpfname. Wir kennen in Augsburg das »Duramichele«, das am Vorabend des Michaeltages den Drachen am Perlachturm tötet. Am bekanntesten ist aber der Drachenstich in Furth im Wald nahe der tschechischen Grenze. Wie bereits erwähnt, befindet sich dort auch eine keltische Opferstätte.

Somit ist die Umdeutung des Drachensymbols ins Negative eine logische Folge der Christianisierung. Der Kampf der Missionare gilt natürlich ebenso dem Jupiter der im Land stationierten und ansässigen Römer wie dem keltischen Teutates. Es ist ein Prinzip der frühen Christianisierungsphase, daß die heidnischen Gottheiten zwar bekämpft, deren Kultstätten aber häufig im Sinne des neuen Glaubens umgedeutet und weiterverwendet werden. Dabei achtete man in der Regel sehr sorgfältig darauf, den überwundenen Göttern nach Rang und Funktion vergleichbare Gestalten aus der christlichen Glaubenswelt entgegenzustellen. Da das Christentum keine Gottvater geweihten Kirchen kennt, tritt an die Stelle des Teutates der Petrus als Apostelfürst und Statthalter Christi auf Erden.

Daß zwischen dem heidnischen Göttervater und dem hl. Petrus ein Korrelat besteht, läßt sich mehrmals belegen. Schönstes Beispiel: Salzburg. Die antiken Bezeichnungen für den Ort Jovavi (so genannt im »Itinerarium Antonini Augusti«) und Juvavo (»Tabula Peutingeriana«) deuten auf Jupiter.

Salzburgs älteste Kirche ist dem heiligen Petrus geweiht. Es handelt sich um ein romanisches Gotteshaus. Doch der Ursprung der Kirche reicht in die Römerzeit. 1966 wird unter anderem im linken Seitenschiff ein Sarkophag aus der Zeit um 250 nach Christus geborgen. Es ist noch das Jahrhundert, in dem das Christentum hierzulande unbekannt ist. St. Peter ist also auf den Resten einer heidnischen Kultstätte erbaut.

Zweites Beispiel: Straubing, das keltische Sorviodurum. An Stelle der dortigen romanischen Peterskirche steht ursprünglich ein Jupitertempel der Römer.

In Stockstadt bei Aschaffenburg, wo keltische Münzen gefunden werden, wird ebenfalls ein Jupiterheiligtum ausgemacht. Die älteste Kirche des Areals ist auch dort dem heiligen Petrus geweiht.

Eine ähnliche Lage finden wir in Regensburg, dem keltischen Radaspona, vor. Da dort ein Petersheiligtum, der heutige Petersdom, direkt neben dem Haus des Praetors steht, ist mit einer an Sicherheit grenzenden Wahrscheinlichkeit anzunehmen, daß hier zur Römerzeit Jupiter verehrt wird. Geistliche und weltliche Macht gehören auch im römischen Imperium zusammen.

Die Straubinger Peterskirche steht auf einem Berg, der Regensburger Petersdom auf einer kleinen Anhöhe. Bekannt ist, daß Jupiter von den Römern vor allem auf Bergen verehrt wird. Auch die Peterskirchen stehen sehr häufig auf Anhöhen. »Du bist Petrus der Fels«, sagt ja Jesus zu dem Heiligen (Matthäus 16). Berühmt sind vor allem die Petersberge in Italien (Rom – San Pietro in Montorio, Portovenere, Verona, Toscolano, Sirmione, Solferino).

Zahlreich sind die Petersberge aber auch in Bayern. Am bekanntesten ist wohl das »Petersbergl« in München, auf dem der »Alte Peter« steht. Zu erinnern ist aber auch an die Petersberge nordöstlich von Dachau und bei Brannenburg.

In Geiselhöring steht die alte Peterskirche auf einer Anhöhe, ebenso in Würzburg. »Am Stadtberg« von Neuburg an der Donau wird der Erste unter den Aposteln ebenso verehrt wie am »Perlachberg« in Augsburg. Es gibt einen Petersberg in Altenerding, einem Ort, in dem Kelten und Römer verkehren. St. Peter ist auch Patron der Kirche, die in der Mitte des Höhenrückens der Burg Vohburg steht und jener auf dem Geländesporn der Burg Bellenberg bei Neu-Ulm.

Esus mit dem Sonnenrad

Elefant und Sonnenrad sind die Symbole der zweiten keltischen Gottheit. Esus, der nach Marcus Annaeus Lucanus »ein entsetzlicher Barbarenaltar«

geweiht ist. Beide Attribute sind auf dem Opferkessel von Gundestrup neben der Gottheit zu sehen.

Somit hat der nach Teutates ranghöchste Keltengott das zweitstärkste Tier als Symbol. Plinius Secundus weist ausdrücklich darauf hin, daß nur der Drache dem Elefanten überlegen ist.

Die Tatsache, daß die Kelten in ihrer Mythologie den Elefanten kennen, weist auf Beziehungen zu Indien. Dort genießt das Rüsseltier eine tiefe Verehrung.

Unter anderem findet man in einem Höhlenkloster bei Bombay aus dem zweiten Jahrhundert vor Christus ein Steinrelief, das den dortigen Götterkönig Indra zeigt, wie er auf dem Riesenelefanten Airavata, dem himmlischen Vorfahren aller indischen Elefanten, sitzt.

Ein weiterer bedeutender Gott im Hinduismus wird ebenfalls mit dem Elefanten in Verbindung gebracht. Es ist Ganesha, der als wohlbeleibter Mann mit einem Elefantenkopf dargestellt wird.

Tatsächlich mögen die Kelten konkrete Erfahrungen mit den Indern haben. Antike Schriftsteller berichten von Kriegen mit den Asiaten. Lukian (um 120 - um 180) erwähnt einen Historiker, der von einem »indischen Feldzug« der Kelten erzählt, weiter von einer Überquerung des Indus und dem Einsatz von Elefanten. Allerdings verweist Lukian selbst diesen Bericht in das Reich der Fabel.

Aber auch im Westen gilt der Elefant als verehrungswürdiges Wesen. »Der Verstand des Elefanten«, so berichtet Plinius Secundus, »kommt dem der Menschen am nächsten, denn er versteht die Sprache seines Landes, gehorcht den Befehlen, merkt sich die erlernten Verrichtungen und findet Vergnügen an Liebe und Ruhm«. Er könne auch »von keiner Krankheit befallen werden«.

Ein römischer Konsul, so berichtet Plinius Secundus weiter, behauptet von einem Elefanten, daß er Griechisch gelernt und in dieser Sprache den Satz geschrieben habe: »Ich selbst habe dies geschrieben und die keltische Beute geweiht«.

Die Antike kennt auch Darstellungen geflügelter Elefanten. In Bayern begegnet uns ein solches Wesen in der Hauptstadt der ausgehenden Antike, in Regensburg. Dort steht auch das wohl schönste steinerne Zeugnis des Kampfes zwischen Christen- und Heidentum. Es handelt sich um das romanische Portal der Schottenkirche St. Jakob, die von schottischen Mönchen, also Angehörigen eines restkeltischen Volkes, gebaut wird. Von dem Kunstwerk, das ein komplettes Programm der keltischen Mythologie enthält, wird später noch die Rede sein.

Neben dem Elefanten ist das Sonnenrad das zweite Attribut des Esus. Wie Plinius Secundus erklärt, besteht zwischen beiden Symbolen auch ein enger Zusammenhang. Die Sonne, so schreibt er, sei nämlich dem Elefanten heilig.

Die Sonnenräder auf dem Gundestrupkessel sind als sechsblättrige Rosetten konzipiert. Sie sind in dieser Form schon 700 vor Christus in Bologna nachweisbar.

Daß eine solche Rosette tatsächlich die Sonne symbolisiert, beweist der Grabstein des Tiberius Julius Taulus, der um 20 nach Christus stirbt und auf dem Magdalensberg in Österreich begraben liegt. Auf seinem Epitaph erscheint im oberen Feld genau

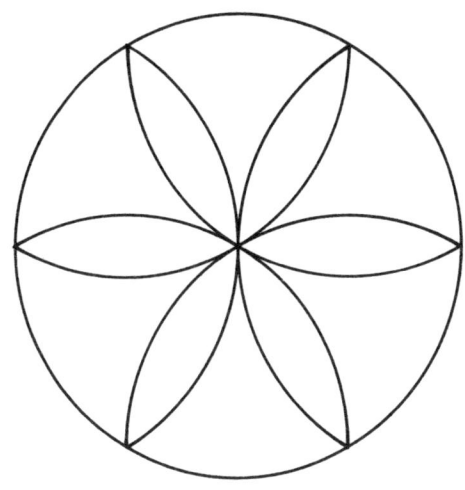

wie auf dem Gundestrupkessel die sechsblättrige
Rosette, darunter die Mondsichel, daneben Sterne.
Auf jüdischen Emblemen ist die Rosette ebenfalls
neben einer Mondsichel abgebildet. Wir haben es
also nahezu zweifelsfrei mit dem Sonnensymbol der
Antike zu tun.

Das Pendant des keltischen Sonnengottes Esus,
der auf dem Gundestrupkessel als weibliches Wesen
erscheint (in der griechischen Mythologie ist der
Wechsel des Geschlechts nicht ungewöhnlich, wie
auch bei Homer immer wieder feststellbar ist –
Athene tritt gern als männliches Wesen auf usw.), ist
in der griechisch-römischen Mythologie der
Apollon/Apollo. Er ist schon im siebten Jahrhundert vor Christus orientalischer Sonnengott und behält diese Funktion bis zum Ende des Polytheismus
in Europa bei.

Diesem Apollon/Apollo wiederum kann anhand
einiger Parallelen in Kult und Symbolik die zweite

göttliche Person des Christentums, der in Bethlehem geborene Jesus, an die Seite gestellt werden. Die erregendste Parallele entnehmen wir den »Hirtengedichten« des Vergil (70-19), die vierzig Jahre vor Christus verfaßt werden. Es heißt darin: »Jetzt wird ein neues Geschlecht hoch vom Himmel herabgesandt. Sei du nur dem Kinde, das geboren wird, mit dem zuerst das eiserne Geschlecht aufhören und in der ganzen Welt das goldene sich erheben wird, gnädig und hold, reine Lucina, schon herrscht ja Apollo«.

Ist Vergil ein Prophet? Kündigt sich durch ihn bereits das Christentum an? Messianische Heilserwartungen durchziehen nicht nur die jüdische, sondern auch die heidnische Mythologie der Antike.

So sind wohl auch die signifikanten Gemeinsamkeiten von Apollon/Apollo und Jesus mehr als ein Zufall.

Sowohl Apollon/Apollo als auch Jesus sind:
- Söhne des jeweiligen Gottvaters,
- Göttliche Personen, die Wort und Willen ihres Vaters verkünden,
- Gottheiten, die sich als Hirten verstehen (Apollon/Apollo ist auch Hirtengott),
- Gottheiten, die die üblichen blutigen Opfer verabscheuen und denen deshalb vorzüglich Weihrauch und Mehlprodukte dargebracht werden,
- Himmelsgestalten, denen der siebte Tag geweiht ist (im Christentum ist der siebte Tag der Woche der Tag des Herrn, in der orientalischen und griechischen Mythologie der siebte Tag im Monat),
- Gestalten des Lichts und der Sonne, des Heils (Apollon/Apollo ist Sonnengott, Jesus ist Heiland).

Übrigens werden auch in den Mysterienreligionen der Antike, etwa im Mithraskult, die Gottheiten allgemein als »Heilande« bezeichnet. Im Mittelpunkt dieser Kulte steht – wie im Christentum auch – eine jugendliche Gottheit, die selbst stirbt und wieder von den Toten aufersteht. Um die Verbindung (communio) mit dieser Gottheit herzustellen, bedient man sich feierlicher Mahlzeiten.

Daß tatsächlich Beziehungen in der Symbolik zwischen dem Heiland und der Sonne bestehen, zeigt auch die Figur des Sol invictus in der römischen Mythologie. Die »unbesiegbare Sonne« oder der »unbesiegbare Sonnengott« werden 218 nach Christus erstmals auf dem Palatin in einem eigenen Tempel verehrt. 56 Jahre später baut man dem Sol invictus auf dem Campus Agrippae einen äußerst prunkvollen Tempel.

Der Geburtstag dieses Sol invictus wird am 25. Dezember gefeiert, und das ist auch der Geburtstag des Heilands im christlichen Kalender. Noch ravennatische Kunstwerke zeigen, daß die Ereignisse in Bethlehem mit der Sonne in Verbindung gebracht werden.

Ein weiteres Indiz dafür, daß ein Zusammenhang zwischen Heiland und Sonne besteht, liefert uns der Kalender. Der Tag der Sonne (= Sonntag) ist bei uns immer schon der Tag des Herrn. In Italien heißt Sonntag auch Domenica (= Tag des Herrn).

Schließlich deutet noch eine Stelle in der Apostelgeschichte (1,11) des Neuen Testaments darauf hin, daß Heiland und Sonne sehr wohl etwas miteinander zu tun haben. Als nämlich Jesus von dem östlich von Jerusalem gelegenen Ölberg gen Himmel fährt, sagen zwei Männer: »Dieser Jesus wird ebenso wiederkommen, wie ihr ihn habt hingehen sehen zum Himmel«. So kommt es, daß man im Christentum die zweite Ankunft des Jesus von Osten her – dort wo die Sonne aufgeht – erwartet.

Das Sonnenrad ist auch ein in der Kunst wichtiges Symbol Jesu. Unter anderem entdeckt man ein genau wie auf dem Gundestrupkessel und auf dem Grabstein des Magdalensberges konstruiertes Sonnenrad in Säben bei Brixen. Dort bergen Archäologen einen Schrein mit einem eingemeißelten Sonnenrad aus einem frühchristlichen Altar. Auf der anderen Seite des Steinkästchens ist dann das zweite Symbol Jesu, das Kreuz, zu sehen. Datiert wird der Steinschrein von Säben in das fünfte Jahrhundert.

Sehr häufig sind die sechsblättrigen Rosetten in den romanischen Kirchen Bayerns zu finden. Manchmal werden sie in Verbindung mit heidnischen Symbolen gebracht, wie man im Kreuzgang der Kirche von Steingaden feststellen kann. Ansonsten begegnet uns dieses Symbol als Sonne (neben der Mondsichel) im Tympanon des Westportals von St. Zeno in Bad Reichenhall. Dort ist sie Attribut des Jesuskindes. Im Tympanon des Südportals der Pförringer Leonhardskirche ist das Kreuz von zwei Sonnenrädern flankiert. Ebensolche sechsblättrigen Rosetten findet man am Portal der Bamberger Katharinenkapelle.

In Niederbayern entdeckt man das Sonnenrad mit sechs Strahlen in der Schloßkirche Puchhof bei Straubing und in der Kirche von Aiterhofen bei Straubing. In beiden Gotteshäusern befinden sich die Symbole jeweils in den Apsiden, dort also wo die

Verwandlung der zweiten göttlichen Person des Christentums vollzogen wird.

Gerade das Sonnensymbol von Aiterhofen ist in diesem Zusammenhang von größtem Interesse. In der dortigen Kirche sind nämlich dieselben Steinmetzzeichen angebracht wie in der von Schotten im zwölften Jahrhundert erbauten Jakobskirche von Regensburg. Das heißt, daß in Aiterhofen Menschen am Werk sind, für die das altkeltische Symbol des Sonnenrads noch eine Bedeutung hat.

Dieses Symbol steht in der Romanik aber auch für den Apostelfürsten, den heiligen Petrus. Das Gewand des ersten Apostels von Mettenheim bei Mühldorf ist mit mehreren solchen Zeichen geschmückt. Die Figur, die um 1200 entsteht, ist heute im Diözesanmuseum Freising ausgestellt.

Aber nicht nur die exakt ausgezirkelten sechsblättrigen Rosetten sind Zeichen der Sonne, sondern auch der einfache Kreis. Schon eine Wandplatte aus einer Katakombe zeigt das Kreuz mit einem Kreis am oberen Ende. Spätantike Mosaike führen dann diese Symbole fort. Ein ähnlich konstruiertes Sonnenrad wie jenes von Säben und an den romanischen Kirchen Bayerns befindet sich auf der Rückseite eines Kreuzes, das in Zusammenhang mit Papst Gregor dem Großen († 604) gebracht wird und rund 150 bis 200 Jahre jünger ist als der Säbener Schrein. Heute befindet sich dieses Goldkreuz in Monza im Museo Serpero, wo zahlreiche Exponate an die bayerische Prinzessin und langobardische Königin Theudelinde († 625) erinnern.

In Bayern findet man ähnliche Rosetten wie in Monza noch im mittelfränkischen Oberfeldbrecht.

Dort sieht man im Tympanon der romanischen Kirche ein Kreuz, das von zwei rosettenartigen Gebilden flankiert wird. Das romanische Portal in der Passauer Niedernburg schmückt ein Kreuz im Kreis.

Im romanischen Würzburg erscheinen Kreuz und Kreis sogar auf Türsteinen, wie man im Mainfränkischen Museum feststellen kann. Ein Stein aus der Franziskanergasse zeigt ein baumähnliches Gebilde, das von je zwei Kreuzen und Rosetten umrahmt ist. Auf einem anderen Türstein, der aus der Bocksgasse stammt, sieht man ein von zwei Kreisen flankiertes Kreuz. Ein romanischer Fensterbogen (Augustinerstraße) weist mehrere Kreuze im Kreis auf. Alle drei Exponate werden in die Zeit zwischen 1100 und 1150 datiert.

Ein Steinkreuz mit Sonnenkreis ist im Städtischen Museum in Regensburg ausgestellt. Es wird um 1260 für die Augustinerkirche der Donaustadt angefertigt.

Besonders erwähnenswert sind noch die neu entdeckten Fresken in der romanischen Kirche von München-Fröttmaning am Rande des Schuttberges von Freimann. Dort begegnen uns mehrmals Kreise und Kreuze.

Die Fröttmaninger Kirche, das einzige noch erhaltene romanische Gotteshaus auf Münchner Stadtgebiet, die Passauer Niedernburg und das Heiligtum von Säben, in der die sechsblättrige Rosette entdeckt wird, sind Heilig-Kreuz-Kirchen. Es liegt also nahe, Symbolzusammenhänge zwischen dem Kreis des Esus und dem Kreuz Jesu anzunehmen.

Und noch etwas deutet auf das Korrelat Kreis-

Kreuz. In der Lebensbeschreibung des heiligen Vinzenz von Agen, der im dritten oder vierten Jahrhundert als Christ ein keltisches Fest in Le Mas-d'Agenais stört und deshalb den Martertod erleidet, wird von einem Rad berichtet, das der Legende nach in regelmäßigen Abständen durch die Pforte eines Tempels rollt und in eine Wasserschlucht fällt. Kurze Zeit später kehrt dieses Rad zurück und verschwindet »unter dem Zeichen des Kreuzes«.

Auch im keltischen Irland und Schottland gehören Kreuz und Kreis zusammen. Berühmt sind in Irland die sogenannten Radkreuze aus dem achten Jahrhundert. Es handelt sich dabei um Steinmonumente mit dem sterbenden Heiland, der zur aufgehenden Sonne blickt, also nach Osten. Um die drei oberen Enden des Kreuzes windet sich ein dicker Kreis.

In auffälliger Häufigkeit findet man die Radkreuze auf dem Friedhof von Drumcliff, auf dem auch der irische Dichter William Butler Yeats (1865-1939) begraben ist, und in Monasterboice. In Schottland begegnet uns das Radkreuz unter anderem in Iona.

Die besonderen Symbolbeziehungen Jesu zur Sonne bringen es mit sich, daß man die Christen noch lange in Verdacht hat, die Sonne anzubeten. »Andere haben die freundlichere und wahrscheinlichere Vorstellung, die Sonne sei unser Gott«, schreibt Quintus Septimus Florens Tertullian rund 200 Jahre nach Christi Geburt.

In seinem Werk »Verteidigung des Christentums« ist weiter zu lesen: »Unter die Perser wären wir dann höchstens einzureihen, wenn wir auch nicht eine auf Leinwand aufgemalte Sonne anbeten, da wir sie selbst überall an ihrem Himmelsgewölbe vor uns haben. Die Verdächtigung stammt wohl daher, daß bekannt geworden ist, daß wir uns beim Gebet nach Osten zu wenden. Aber auch von euch bewegen sich sehr viele, wenn sie einmal das Verlangen spüren, auch Himmlisches anzubeten, ihre Lippen nach Sonnenaufgang zu«.

Neben dem Sonnenrad haben die beiden zweiten Gottheiten der Griechen und Römer auf der einen und der christliche Heiland auf der anderen Seite noch je ein Tiersymbol gemeinsam: das Schaf.

Daß dieses Tier Verehrung genießt, wissen wir aus den Mythologien zahlreicher Völker. Ammon, der höchste Gott in Ägypten, wird mit Widderhörnern an den Schläfen dargestellt. Wir wissen auch, daß die Ägypter den Widder von Mendes als göttliches Wesen ansehen.

Wiederholt ist im Alten Testament von Widderopfern die Rede. Abraham schlachtet das Tier anstelle seines Sohnes Isaak. David verspricht Gott »Opfer von gebrannten Widdern«.

In Griechenland wird aus den Eingeweiden feierlich geschlachteter Widder geweissagt, und auf manchen Inseln gelten Widderopfer als die den Göttern genehmsten. Daß das Schaf in Rom »hinsichtlich seines Gebrauchs zu Sühneopfern bei den Göttern in hohem Ansehen steht«, berichtet Plinius Secundus.

In Verbindung gebracht wird das männliche Schaf schon sehr früh mit Apollon/Apollo. Er ist ja auch der Hirtengott und hat schon von daher gewisse Beziehungen zu dem Weidetier. Auf zahlreichen griechischen Münzen ist er auch mit Widderhörnern abgebildet.

Demgegenüber wird der christliche Heiland allgemein als Lamm Gottes bezeichnet. Das Osterlamm ist das Symbol des höchsten christlichen Festes schlechthin. Manchmal wird das Lamm Gottes auch als Widder dargestellt, wie man an der romanischen Kirche von Oberröblingen sieht.

Dieser höchste Feiertag der Christenheit wird nun auch noch überwiegend im Sternbild des Widders zwischen dem 21. März und dem 20. April gefeiert. In der Urkirche fällt das Osterfest in die Zeit zwischen dem 21. März und dem 18. April, heute feiert man es zwischen dem 22. März und 25. April.

Aber nicht nur in der Urkirche betont man die Beziehungen zwischen dem Erlöser und dem ersten Tierkreiszeichen. Im Gegenteil, noch in der Barockzeit wird in Predigten, andächtigen Schriften und weltlichen Publikationen diese symbolische Parallele gezogen. »Und gleichwie ein Widder in der Heiligen Sprache den Nahmen hat von der Stärcke; also ist auch Christus der Herr, der starcke Gott, oder Kraft, Held«. So heißt es im weitverbreiteten Zedlerlexikon des 18. Jahrhunderts.

Es ist dort weiter zu lesen: »Wie der Widder gewaltig Stärcke hat in seinen Hörnern, daß dannenhero auch die alten Mauerbrecher arietes nicht nur genennet, sondern auch als stutzende Widderköpfe gebildet worden; also ziehen auch etliche dahin, daß Christus ein Mauer- oder Durchbrecher genennet wird«.

Es mag befremdlich erscheinen, daß an dieser Stelle soviel von Symbolik die Rede ist. Man muß sich jedoch vergegenwärtigen, daß dieser in einer weitgehend schriftlosen Zeit eine ungleich größere Bedeutung zukommt als heute. Neben dem Wort ist das Symbol der wichtigste Vermittler religiöser Botschaften. Symbole sind allgegenwärtig im Leben der Menschen und werden von jedermann verstanden. Daß die christliche Mission heidnische Symbole aufgreift und in ihrem Sinne umdeutet, zeugt zum einen vom psychologischen Geschick der Missionare, die erkennen, daß sie die Präsenz der heidnischen Götter im Bewußtsein des Volkes am leichtesten auslöschen können, wenn sie deren Symbolik mit neuen Inhalten erfüllen. Es beweist weiterhin – und darauf kommt es hier besonders an –, daß in Bayern Menschen wohnen, die alle diese Symbolik kennen und verstehen. Kontinuität in der Symbolik bedeutet also auch weitgehende Kontinuität der Bevölkerung.

Taranis – die Stierseele

Die dritte wichtige Gottheit der Kelten ist Taranis, ein Gott, den man für sehr stark hält. Sein Name bedeutet höchstwahrscheinlich soviel wie »Stierseele« (bretonisch taro = Stier, ene = Seele; walisisch tarw/taro gesprochen = Stier, enaid = Seele).

Der Stier zählt zu den ältesten Göttersymbolen. Unter anderem wissen wir, daß er schon von den Babyloniern und Assyrern verehrt wird. Nach ihrem Glauben veranlaßt die Göttin Ischtar ihren Vater, einen Himmelsstier zu schaffen, der ihren Geliebten vernichten soll, weil er ihre Sympathie

nicht erwidert. Im Hinduismus wird der Götterkönig Indra als »ein Stier an Kraft« bezeichnet.

Aber auch in Mitteleuropa hat der Stierkult eine
lange Tradition. Aus Bayern stammt ein Stiergefäß,
das um 2500 vor Christus in Gebrauch ist. Es wird in
Hienheim bei Eining gefunden. Weiterhin gilt der
Stier bei den Menschen der Hallstattkultur, die von
ungefähr 750 bis 500 vor Christus reicht, als heiliges
Tier. Plastiken aus dieser Zeit werden unter an-
derem in Hallstatt und in der Býči-skàla-Höhle in
Mähren gefunden. Plutarch erzählt auch, daß die
Kimbern bei einem Bronzestier Verträge schließen.

Am bekanntesten scheint in der Antike die Verehrung des Stieres von Memphis in Ägypten, des Apisstieres, zu sein. Schon Herodot charakterisiert um
450 vor Christus diese Figur (»er ist schwarz, hat auf
der Stirn ein weißes Dreieck, auf dem Rücken das
Abbild eines Adlers«) als ein heiliges Wesen.

»In Ägypten wird sogar ein Ochse unter dem
Namen Apis als Gott verehrt«, berichtet im ersten
Jahrhundert nach Christus erstaunt der römische
Gelehrte Plinius Secundus in seiner »Naturge-
schichte«.

Zur gleichen Zeit, in der diese Worte geschrieben
werden, wohnt Kaiser Titus Flavius Vespasianus (9-
79), der 69 in Alexandria zum Kaiser ausgerufen
wird, bei Memphis der Weihe eines Apisstieres bei,
wie der römische Schriftsteller Gaius Sueton (um 70
- um 140), Kanzleichef im römischen Kaiserpalast,
in seinen »Kaiserbiographien« erzählt.

In der griechischen Mythologie kennt man den
Stier vor allem als jenes Tier, in das sich Göttervater
Zeus höchstpersönlich verwandelt, um die hübsche

Europa ent- und verführen zu können. Die junge Dame hat freilich später den Wunsch, diesem Tier die Hörner zu zerbrechen.

Ausgeprägter als in Griechenland scheint der Stierkult im römischen Reich zu sein. Zunächst einmal geht auf diesen mit großer Wahrscheinlichkeit bereits der Name des Landes zurück. Das Wort Italien leitet sich von »vituli« ab und bedeutet soviel wie Jungstiere = Söhne des Stiergottes.

Es gibt kaum einen römischen Schriftsteller, der nicht die besondere Bedeutung des Stieres würdigt. Plinius Secundus hebt vor allem das »ehrwürdige Aussehen« der Bullen hervor. »Diese Tiere«, so fährt er fort, »geben die reichsten Opfer und sie sind es, wodurch die Götter am feierlichsten besänftigt werden«.

Ähnliches erfahren wir auch von dem römischen Geschichtsschreiber Ammianus Marcellinus. Er berichtet, daß Kaiser Flavius Claudius Julianus (332-363), der Neffe Kaiser Konstantins des Großen, vor dem Krieg mit den Persern hundert Stiere schlachten läßt, um die Götter günstig zu stimmen.

Von Marcus Annaeus Lucanus wissen wir, daß die Etrusker in Oberitalien »einen Stier mit prächtigem Nacken auswählen«, ihn opfern und aus seinen Eingeweiden weissagen.

In Verbindung gebracht wird der Stierkult im römischen Reich vor allem aber mit dem Kriegsgott Mars. Wie uns die antiken Schriftsteller erzählen, ist er es, dem die meisten Stieropfer dargebracht werden. Vom »Stier des Mars«, der in Oberitalien geopfert wird, berichtet Strabo. Der römische Historiker Livius (59 vor Christus-17 nach Christus), der als erster eine Gesamtgeschichte seiner Heimat verfaßt, schreibt, daß bei der Einigung Mittelitaliens lange vor der Zeitenwende die Römer nach Siegen dem Mars männliche Rinder opfern.

In Rom selbst ist dann der Pflugstier das Symbol des Kriegsgottes schlechthin. Dieser Mars ist aber ein nicht gerade beliebter Gott. Der Göttervater selbst nennt ihn den verhaßtesten aller Götter.

Dem Mars entspricht im Keltenland der Taranis (»Stierseele«), dessen Opferstätte »nicht barmherziger als die der skytischen Diana ist«, wie Marcus Annaeus Lucanus schreibt. Da sich diese Göttin nur mit Menschenopfern zufriedengibt, wie Herodot berichtet, heißt das, daß die Kelten auch Taranis zu Ehren Männer, Frauen und Kinder auf dem Altar schlachten und opfern.

Das Stiersymbol, das sowohl Taranis als auch dem Mars zugeordnet ist, wird wiederholt im bayerischen Boden gefunden. Es sind kleine Stierplastiken, die zur Verehrung auf kurzen Säulen stehen, so daß man sie etwa in Augenhöhe vor sich hat. Eine Prüfeninger Handschrift aus dem Mittelalter enthält ein Bild, das mehrere Menschen zeigt, die sich um eine solch erhöhte Stierplastik gruppieren.

Rund hundert Jahre vor der Zeitenwende werden die beiden Stierplastiken modelliert, die man in Weltenburg und Manching findet. Besonders die Figur aus Weltenburg – heute in der Prähistorischen Staatssammlung München – ist ein faszinierendes Kunstwerk (siehe Umschlagbild).

Stierplastiken, die während der römischen Besatzungszeit in Bayern hergestellt werden, birgt man unter anderem noch in Regensburg am Bismarckplatz aus dem Boden, dort also, wo keltische und römische Zivilisten und Händler des dem Castra Regina angeschlossenen Dorfes wohnen, dazu im nahen Obertraubling. Einen Altar mit der Darstellung eines Stieropfers findet man in Eining.

An den Stier erinnern in Bayern heute noch zwei markante Orte, in denen Kelten wohnen: Damasia/Auerberg (griechisch dama = junges Rind; lateinisch urus = Auerochs, Urstier; althochdeutsch ur = Stier) und Kallmünz bei Regensburg, der »Berg des jungen Stieres«, an den unmittelbar der Auberg angrenzt.

Jetzt aber kommt die Sensation! In unmittelbarer Nachbarschaft der Stätten, an denen man Stierplastiken der Antike findet, stehen Gotteshäuser des heiligen Georg.

In Weltenburg, wo Kinder einen kleinen Bronzestier keltischer Herkunft entdecken, ist der heilige Georg Kirchenpatron. Der von Egid Quirin Asam geschaffene Altar mit dem Heiligen hoch zu Roß ist eine besondere Kostbarkeit der Sakralkunst.

Dieselbe Lage in Obertraubling bei Regensburg, wo ebenfalls eine Stierplastik gefunden wird! Auch das dortige Georgsheiligtum ist sehr alt. Das gleiche gilt für Regensburg, denn die Fundstätte des dort ausgegrabenen Stiers liegt unweit der Georgskirche, die Arbeo im achten Jahrhundert erwähnt und die heute dem heiligen Emmeram geweiht ist.

Auf dem Gipfel des Auerberges im Allgäu, des »Stierbergs«, schließlich steht heute noch eine dem heiligen Georg geweihte Kirche. Zu diesem Gotteshaus führen bis in die Gegenwart die weithin bekannten Georgiritte.

104

Keltenschanze in Buchendorf.

Gundestrupkessel: 1 Gott mit Sonnenrädern und Elefanten, 2 Götterbote mit geflügeltem Helm, Rad und Hunden, 3 Opferung durch Druiden. Nationalmuseet Kopenhagen.

Detail aus dem Schottenportal in Regensburg. Keltischer Gott zwischen Drachen und geflügeltem Elefanten. Photo: Hubert Reiser.

Der Widder von Sempt. Prähistorische Staatssammlung München.

Ja, und eine Georgskirche (altes Patrozinium) steht auf dem Salzburger Festungsberg. Die Orgel oben am Burgberg, für die Leopold Mozart komponierte, heißt heute noch »Salzburger Stier«.

Wenig bekannt ist heute, daß in Bayern einst die Salzburger wenig schmeichelhaft mit dem männlichen Rind gleichgesetzt wurden. Im Mittelalter und in der frühen Neuzeit, so ist bei Schmeller zu lesen, nennt man sie ganz allgemein »Stiere« oder »Stierwascher«, und beim Kegeln sagen die Bayern zum »Stier« (es handelt sich um die drei mittleren, hintereinander aufgestellten Kegel) einfach »Salzburger« – Zufall oder uralte Symbolzusammenhänge, die im Sprachgebrauch des Volkes die Jahrhunderte überdauert haben?

In diesem Zusammenhang sind auch die im bayerischen Boden gefundenen Plastiken des Mars, des römischen Pendants zum keltischen Taranis, zu erwähnen. Außerhalb der großen Städte findet man solche Götterstatuen unter anderem in Gnotzheim bei Gunzenhausen und auf dem Weinberg nahe bei Hienheim an der Donau. In beiden Orten stehen schon im Mittelalter dem heiligen Georg geweihte Kirchen.

Das alles heißt, daß der heilige Georg in der Christianisierungsphase in die Tradition des keltischen Taranis und des römischen Mars gestellt wird. Frappierend sind auch weitere Übereinstimmungen zwischen Mars und Georg.

So wissen wir, daß Mars nicht nur der Gott des Krieges ist, sondern auch der des Frühlings. Ihm zu Ehren finden im Oktober Pferderennen statt. Sein Symbol ist neben dem Stier noch die Lanze; vom

»Speer des Mars« spricht Juvenal. Dargestellt wird der Gott gewöhnlich als Krieger mit Helm und Rüstung. Der Dienstag wird nach ihm benannt: dies Martis.

Auch hier fühlt man sich durchaus an den heiligen Georg erinnert. Dieser ist der Legende nach ein ranghoher Offizier im römischen Heer zur Zeit des Kaisers Gaius Aurelius Valerius Diokletianus (um 243-316). Sein Festtag am 23. April fällt in den Frühling und liegt im Tierkreiszeichen des Stiers, des Symbols des Taranis und Mars also.

Dargestellt wird Georg, wie auch Mars, als Soldat in kriegerischer Rüstung und mit Helm. In der Hand hält er eine Lanze, mit der er vom Pferd herab den Drachen tötet. Auch diese Verbindung ist sicher nicht zufällig, denn dieser Drache gilt in der antiken Mythologie auch als Sohn des Mars, der Sieg des Heiligen symbolisiert somit den Triumph des Christentums über die heidnischen Götter.

Im Christentum ist der heilige Georg dann Patron der Soldaten schlechthin und kann im Volksglauben als Schutzheiliger die Funktion des keltischen Taranis und des römischen Mars übernehmen. Bis in das letzte Jahrhundert ist Georg einer der beliebtesten Heiligen, von dem Hinterglasbilder in nahezu allen Bauern- und Wirtshäusern hängen.

In Ausnahmefällen mag aber auch der heilige Sebastian an die Stelle des Taranis treten. Auch dieser gilt ja als Patron der Soldaten. Einer Legende nach, die in das fünfte Jahrhundert zurückreicht, ist Sebastian eben wie Georg ein hoher Offizier, der wegen seines christlichen Glaubens um 270 den Märtyrertod erleidet. Jedenfalls wird unter anderem in

Kallmünz, der Weihestätte des »jungen Stiers«, auf dem unmittelbar an den der Burg anschließenden Auberg der heilige Sebastian verehrt. Er ist auch Patron der Kirche des römischen Kastellortes Eining, wo eine Plastik des Kriegsgottes Mars und, wie bereits erwähnt, ein Altar mit einer Stieropferszene gefunden wird.

An den Heiligen erinnert auch heute noch der südlich von Aislingen bei Dillingen gelegene Sebastiansberg, auf dem um 30 nach Christus die Römer ein Kastell errichten. Doch der Berg ist schon lange vorher bewohnt. Unter anderem gräbt man dort Keramik und Schmuck aus der Keltenzeit aus. Die Fundstücke werden im Museum Lauingen aufbewahrt.

Der Götterbote

Eine ungemein wichtige Funktion am Götterhimmel der Kelten hat der Bote und Nachrichtenübermittler. Caesar würdigt ihn in besonderem Maße. »Unter den Göttern verehren die Kelten hauptsächlich den Merkur, von ihm gibt es oft bildliche Darstellungen . . . Nach ihrer Meinung ist er der Erfinder der Künste, der Geleitmann auf den Wegen und Straßen, und ihm schreiben sie größten Einfluß auf Gewinn und Handel zu«.

Cornelius Tacitus berichtet, daß auch die Germanen den himmlischen Nachrichtenübermittler kennen. »Unter den Göttern verehren sie am höchsten den Merkur«, so schreibt er.
Seine Funktion übernimmt im Christentum, wie im Kapitel über die bayerische Keltenstadt Alkimoenis

bei Kelheim bereits erwähnt, der Erzengel Michael. Vielleicht ist es nicht zuletzt die Beliebtheit des Merkur bei Kelten und Germanen, die ihn zum Schutzpatron des Deutschen Reiches (»der deutsche Michel«) werden läßt.

Wie verbreitet die Verehrung des Götterboten in Bayern ist, beweisen zahlreiche Statuen, die hierzulande im Boden gefunden werden. Die interessanteste Merkurplastik, angefertigt um 150 nach Christus, stammt aus Possenheim am Fuße des Schwanberges in Unterfranken, aus einem Ort also, den die römischen Besatzer nicht betreten. Wie bereits erwähnt, befinden sich in der Nähe einige Stätten, die dem heiligen Michael geweiht bzw. nach ihm benannt sind (St. Michaelskirche auf dem Schwanberg, der Ort Michelfeld).

Eine zweite, sehr schöne Statue des Götterboten wird bei Rogging im Landkreis Regensburg gefunden. Es ist ein römisches Kunstwerk, wie man annimmt, doch der Gott wird hier auch von den Kelten verehrt. Vier Kilometer südlich stößt man auf eine keltische Viereckschanze, in deren Umgebung wiederum mehrere Grabhügel nachzuweisen sind. Vier Kilometer östlich steht eine Michaelskirche, ein Heiligtum also, das dem Nachfolger im Christentum geweiht ist. Der Ort, in dem dieses Gotteshaus steht, heißt Allkofen. Die beiden geographischen Topoi Alkimoenis (Bote-Hund-Berg) und Al(l)kofen lassen die ansonsten freilich unbestätigte Vermutung zu, daß der keltische Götterbote »Al« heißen könnte.

Das größte uns bekannte Heiligtum des Götterboten aber wird zwischen Ziegetsdorf und Graß im

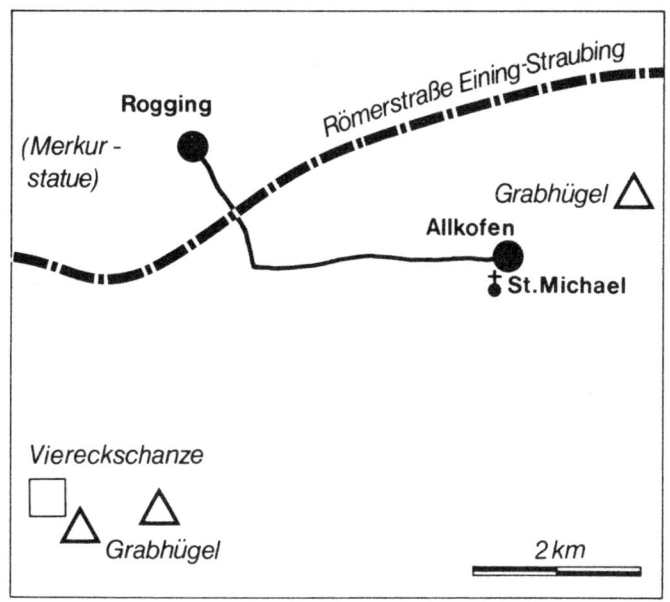

Allkofen mit Stätten des Himmelsboten.

Süden von Regensburg entdeckt. Dort findet man unter anderem die Fundamente eines großen Tempels und zweier kleiner Gotteshäuser, weiter einen Opferaltar aus Kalkstein (»Deo Mercuro«), eine Stifterurkunde aus Stein, die ebenfalls den Namen Merkur enthält und mehrere Merkurstatuen aus Stein. Rund dreihundert Meter davon entfernt steht die alte Michaelskirche von Graß.

Statuen des antiken Götterboten werden in Bayern weiterhin in Straubing, Pfofeld bei Gunzenhausen und Weißenburg gefunden. In der Prähistorischen Staatssammlung in München ist noch eine Merkurstatue aus dem ehemals bayerischen Rheinzabern ausgestellt.

In all den genannten Orten stehen Heiligtümer des Erzengels Michael. In Rheinzabern ist ihm die Pfarrkirche geweiht, in Weißenburg die an die Andreaskirche anschließende Kapelle und in Straubing ein 1375 erwähntes und erst im letzten Krieg zerstörtes Gotteshaus. Auf einer Bauinschrift der evangelischen Pfarrkirche St. Michael von Pfofeld ist zu lesen, daß die Kirche »zu Ehren des heiligen Michael und aller Engel« (»i. Honore. Sce. Michahel omi. angelo«) errichtet wird. Die Inschrift stammt aus dem zwölften Jahrhundert. Zusammenhänge zwischen dem keltischen und dem christlichen Himmelsboten sind also offenkundig.

Das Begleittier des keltischen Götterboten ist der Hund, wie auf dem Kessel von Gundestrup zu sehen ist. Auch das hat seinen tieferen Grund. Als Begleittier eines Boten muß er wegekundig sein – eine Eigenschaft, die in der Antike vor allen anderen Tieren dem Hund zugeschrieben wird: »Der Hund merkt sich Wege, selbst wenn sie sehr lang sind; kein anderes Geschöpf außer dem Menschen hat ein stärkeres Gedächtnis«, erklärt Plinius Secundus in diesem Zusammenhang. Weiter weiß der römische Gelehrte zu berichten, daß Hunde auch die Sprache ihres Herrn verstehen.

In Bayern gibt es eine Reihe von Ortsnamen, in denen sich dieser uralte Sinnzusammenhang möglicherweise erhalten hat. Zu nennen sind in diesem Zusammenhang die drei Dörfer Hundshaupten (1. bei Forchheim, 2. Griesbach/Niederbayern, 3. bei Triftern/Niederbayern). In Griesbach ist der heilige Michael noch heute Kirchenpatron – eine Tatsache, die sich nahtlos in diese Indizienreihe einfügt.

Auf ein Korrelat Michael-Hund schließlich deuten heute noch sehr eindrucksvoll das Hoh*michele*, der mit 14 Meter höchste Grabhügel Mitteleuropas, und das unmittelbar benachbarte *Hund*ersingen bei Saulgau in Württemberg. Unweit davon liegt die Heuneburg, ein Ort, an dem schon im fünften Jahrhundert vor Christus keltische Fürsten residieren.

Der Hund ist aber nicht nur treues Gefolgstier des keltischen Himmelsboten. Auch die Römer glauben, daß ihr Götterbote von einem Hund assistiert wird. Als zusätzliches Attribut hat Merkur unter anderem noch die Waage, gilt er doch auch als Gott der Händler.

In Kempten, dem keltischen und römischen Siedlungsort, finden Archäologen eine Merkurbüste, die eindeutig als Laufgewicht einer Handwaage zu erkennen ist. Im bereits erwähnten Merkurheiligtum von Graß bei Regensburg kommt eine zusammenklappbare Waage zum Vorschein.

In unmittelbarer Nachbarschaft steht die Michaelskirche von Graß. Und die Waage wird auch zum Symbol des heiligen Michael, freilich nicht mehr als Symbol des Handels, sondern im christlichen Sinn als Seelenwage umgedeutet. Auf zahlreichen Bildern, die in Bayern zwischen Gotik und Gegenwart gemalt werden, sieht man ihn mit diesem Attribut. In der Kirche von Altenstadt bei Schongau beispielsweise ist der heilige Michael mit einer überdurchschnittlich großen Seelenwaage im Altarraum abgebildet (um 1350). In einer Schale befinden sich die zum Himmel aufsteigenden Gerechten, in der anderen die Verdammten.

In dieses Gewebe uralter Symbolzusammenhänge fügt sich nahtlos ein, daß das Fest des heiligen Michael (29. September) in das Sternkreiszeichen Waage fällt.

Zwei unzertrennliche Götter und Heilige

Daß zwischen dem Taranis und dem keltischen Götterboten enge Beziehungen bestehen, fällt auf, wenn man den Opferkessel von Gundestrup näher betrachtet. Auf zwei Platten sind nämlich ausschließlich deren Tiersymbole, Stier und Hund, abgebildet.

Ein unzertrennliches Paar stellen auch ihre Nachfolger im Christentum, Georg und Michael, dar. Beide töten den Drachen. Ihre Festtage, in Bayern Jörgi oder Georgi und Michaeli genannt, sind auch zwei wichtige Termine. So beschließt beispielsweise 1542 der Landtag, daß eine Maß Märzenbier »von Jörgi bis Michaeli« zwei Pfennig und eine Maß Winterbier von »Michaeli bis wieder Jörgi« drei Heller kostet. Im 18. Jahrhundert werden kurfürstliche Verordnungen, die kurzfristig gelten, »von Georgi bis Michaelis« oder umgekehrt ausgestellt. Weiter nehmen die Münchner bis zum Ersten Weltkrieg einen Wohnungswechsel an einem der beiden Heiligentage vor, die Dienstzeit der Brauknechte währt von Michaeli bis Georgi. Im nahen Garching halten an beiden Tagen die Richter die sogenannten Ehaftgerichte (Prozesse gegen Dienstboten) ab.

Schließlich fällt auf, daß überall dort, wo Kultstätten oder eine Besiedlung um die Zeitenwende nachweisbar sind, die Heiligtümer von Georg und

Michael direkt nebeneinander liegen. Die markantesten Beispiele:

– Die Georgskirche (heute St. Emmeram) in Regensburg liegt fünfzig Meter südlich der Michaelskirche.

– Die Georgskirche von Obertraubling (Fundort einer Kultstierplastik) ist jeweils drei Kilometer von den Michaelskirchen in Burgweinting und Oberhinkofen entfernt.

– Die Georgskirche von Pfakofen (nahe dem Fundort einer Merkurstatue) und die Michaelskirche von Allkofen liegen vier Kilometer voneinander entfernt.

– Die Georgskirche von Prüfening (Keltenort) hat zur Nachbarschaft die eineinhalb Kilometer entfernte Michaelskirche von Riegling.

– Der Georgskirche von Weltenburg (Fundstätte einer keltischen Stierplastik) gegenüber liegt der Michelsberg (Alkimoenis = Berg des Götterboten).

– Direkt unterhalb des »Berges des jungen Stiers« (= Kallmünz) steht eine Michaelskirche.

– Rund um den Auerberg im Allgäu, den eine Georgskirche krönt, findet man Michaelskirchen.

– Vom Auerberg in Mittelfranken nur zwei Kilometer entfernt steht das Michaelsheiligtum von Thalmässing, wo auch ein Keltenheiligtum nachweisbar ist.

– Der Auerberg im Nordwesten der Ehrenbürg bei Forchheim findet sein Pendent in den benachbarten Dörfern Hundshaupten, Hundsboden und Hundsdorf.

– Die schon 1426 erwähnte Georgskirche von Kipfenberg (heute Maria-Himmelfahrtskirche) steht direkt unterhalb des mittelfränkischen Michelsberges.

– Rund zwei Kilometer nördlich vom Hesselberg liegt Lentersheim mit seiner bereits 1053 erwähnten Michaelskirche. Rund vier Kilometer südöstlich vom Keltenberg steht die Georgskirche von Wassertrüdingen, die bereits im neunten Jahrhundert urkundlich genannt wird. Beide Heiligtümer sind vier Kilometer voneinander entfernt.

– Unterhalb der Georgskirche von Salzburg steht die Michaelskirche, die älteste Pfarrkirche der Stadt. Sie existierte nachweislich bereits vor der Jahrtausendwende.

Diese Übersicht deutete darauf hin, daß wichtige Befestigungen der Kelten unter dem Schutz des Götterboten stehen und später dem Erzengel Michael geweiht werden. Die Kombination Michael-Georg läßt die Vermutung zu, daß auch auf dem Staffelberg und der Houbirg der Götterbote verehrt wird. In den Orten im Tal, in Staffelstein und Happurg, stehen nämlich Georgskirchen.

Weibliche Gottheiten für Weidwerk und Wissenschaften

Unter den Gottheiten, die die Kelten verehren, sind auch weibliche Wesen, wie man beim Betrachten des Gundestrupkessels feststellen kann. So fällt sofort die Jagdgöttin mit einer Schlange in der Linken und einem Hirschgeweih auf dem Kopf auf. Ringsherum sieht man noch zwei Hunde, einen Hirschen, zwei kleine Rinder, einen Fisch und zwei Löwen.

Der Name dieser Göttin ist nirgends überliefert.

114

Ihr Pendant bei den Griechen und Römern ist die Artemis/Diana. Sie wird gewöhnlich ebenfalls mit einer Schlange, mit Hirschgeweih und Jagdwild dargestellt.

Im Christentum übernimmt dann die heilige Margarethe (teils mit Schlange, teils mit Drachen abgebildet) die Rolle der antiken Jagdgottheiten (siehe Kapitel Tierkreiszeichen Krebs).

Die zweite Göttin, die die Kelten verehren, ist laut Auskunft von Caesar die Athene/Minerva, deren keltischen Namen der Römer aber verschweigt. Daß auch die Kelten in Bayern diese Göttin kennen, beweisen mit ihrem Konterfei versehene Münzen, die im bayerischen Boden gefunden werden.

Von dieser keltischen Göttin berichtet Caesar ausdrücklich, daß sie die Künste beschützt. Genau das wird auch Athene nachgerühmt. Sie gilt weithin als Schutzherrin der Wissenschaften. Daneben hantiert sie mit der Spindel und widmet sich Hausarbeiten. Daß sie sich »mit Weben« beschäftigt, ist den Werken Platons zu entnehmen.

Dargestellt wird Athene/Minerva auch als mütterlicher Typ mit und ohne Kind. Dessen ungeachtet ist sie »ewige Jungfrau«. Ihr Begleiter ist Hephaistos/Vulcanus, der Gott der Handwerker.

Natürlich denkt man bei dieser Charakteristik sofort an die heilige Maria. Wie Athene/Minerva wird sie als »allzeit reine Jungfrau« und Mutter zugleich verehrt. Ihr Begleiter ist der Handwerker Josef.

Als Hausmutter kommt Maria auch zu Ehren. Noch heute hängen in Bauern- und Bierstuben Bayerns Hinterglasbilder, die uns die Muttergottes mit der Spindel zeigen (siehe Bildersammlung im Bayerischen Nationalmuseum München).

Wie Athene/Minerva gilt Maria weiterhin als Schutzherrin der Künste und der Wissenschaften. Sie allein erscheint auf den ersten Siegeln der Universitäten Paris, Toulouse, Urbino, Wien und Ingolstadt (heute Ludwig-Maximilians-Universität München). Sogar Neugründungen wie die Universität Passau nehmen Maria in ihr Emblem auf.

Nicht von ungefähr werden deshalb auf den Heiligtümern der antiken Göttin Marienkirchen errichtet. So steht in Assisi die Kirche Maria della Minerva, der Nachfolgebau eines Minervatempels aus dem ersten Jahrhundert vor Christus. Goethe würdigt ihn in seinem »Tagebuch der italienischen Reise«. Weiter gibt es noch in Rom die Kirche Santa Maria sopra Minerva, die ebenfalls auf den Ruinen eines antiken Minervatempels errichtet wird. Schließlich basiert eine der schönsten Kathedralen Italiens, der Mariendom in Siena, auf einem Heiligtum der Minerva.

Auch in Bayern sind Beziehungen zwischen Athene/Minerva und Maria nachweisbar. Eine der wenigen Minervaplastiken wird in Großprüfening bei Regensburg gefunden, an der Stelle, an der Kelten und Römer wohnen und eine sehr alte Straße über die Donau führt. Direkt gegenüber liegt die Kirche Mariaort, eines der ältesten Marienheiligtümer des Landes. Einer Legende nach wird in der Zeit der oströmischen Bilderstürme eine Marienstatue ins Meer geworfen, die donauaufwärts bis Mariaort/Großprüfening treibt. Erstmals urkundlich erwähnt wird die Marienkirche im Jahr 1352.

Wie ebenfalls einer alten Überlieferung zu entnehmen ist, steht auch an der Stelle der Alten Kapelle in Regensburg (Patrozinium: Maria Geburt) zur Römerzeit ein Minervatempel.

Der Gott mit dem Widder

Die Kelten scheinen noch eine Gottheit zu verehren, deren Symbol der Widder ist. Eine Bronzeplastik dieses Tieres aus der Zeit vor Christi Geburt ist der Ausgangspunkt dieser Vermutung. Gefunden wird das Kunstwerk, das in der Prähistorischen Staatssammlung in München ausgestellt ist, in Sempt bei Erding.

Analysiert man das Umfeld des Fundortes Sempt, so fällt zunächst auf, daß es sich um eindeutig keltisches Siedlungsgebiet handelt und daß die alte benachbarte Kirche Johannes dem Täufer geweiht ist. Das heute nicht mehr existierende Gotteshaus wird noch 1524 erwähnt.

Tatsächlich lassen sich zwischen Tier und Taufe/Täufer noch fünf weitere Gemeinsamkeiten feststellen:

– Erstens sind schon in der Antike bei Taufen Widder gegenwärtig. Beispielsweise werden lange vor Christi Geburt in Griechenland Reinigungsriten mit Widderopfern durchgeführt.

– Zweitens stehen in zwei bayerischen Orten, die ihre Namen vom männlichen Schaf haben, alte Johanneskirchen. Es handelt sich um Hammelburg in Unterfranken, wo ein dem Täufer geweihtes Gotteshaus schon im 13. Jahrhundert nachweisbar ist, und um Hemau in der Oberpfalz. Hammelburg, das von der frühen bis zur späten Keltenzeit besiedelt ist, erscheint im Jahr 716 als »Hamulo castellum« in den Urkunden. »Hamal« heißt zu dieser Zeit das männliche Schaf (= Widder), und dieses Wort hat sich bis in die Gegenwart erhalten. Der Hammel wird oft auch Stähr oder Stier-Hämmel genannt. Fünf Kilometer von Hammelburg entfernt liegt der Ort Wittershausen. Hemau in der Oberpfalz erscheint in einer Urkunde aus dem Jahr 1138 als »Hemburg« (= Burg des Widders). Später ist von Hemwur und Henbaur die Rede.

– In Lavant in Osttirol, dessen Name wie bei Lavamünd (Johanneskirche!) auf den Taufakt hinweist (lateinisch lavare = waschen, reinigen), werden bis in unser Jahrhundert sogenannte Widderprozessionen durchgeführt. Im Ort findet man große Platten aus frühchristlicher Zeit, die wahrscheinlich Bestandteile eines Taufbeckens sind.

– Viertens ist eines der auffallendsten Symbole am Turm der Johanneskirche in Schwäbisch-Gmünd ein Widderkopf.

– Fünftens ist das Schaf auch in der Kunst das Attribut des heiligen Johannes. Die ältesten Darstellungen des Täufers mit dem Weidetier findet man in Bayern in Großbirkach bei Bamberg (um 1040), in Altenstadt bei Schongau (um 1200) und in Würzburg (um 1330). Später malen nahezu alle Künstler den Heiligen mit Lamm, Schaf oder Widder.

Die Frage lautet jetzt, ob der unbekannte »Widder-Gott« nicht mit Esus, dessen Nachfolger Apollon/Apollo und Jesus mit dem Widder beziehungsweise mit dem Lamm in Verbindung gebracht werden, identisch ist. Doch dies ist unwahrscheinlich, weil auf dem Gundestrupkessel neben Esus kein Weidetier abgebildet ist.

Vielmehr ist zu vermuten, daß der unbekannte Keltengott dem Esus sehr nahesteht. Reinigungsriten beziehungweise Taufen werden nämlich eindeutig in Beziehung zur Sonne gebracht, die ja das Symbol des Esus ist. So kennt man das Taufritual schon im Mithraskult, der sich von Persien kommend um 70 vor Christus in Rom festsetzt und in dessen Mittelpunkt die Verehrung der Sonne steht.

Wichtiger ist in diesem Zusammenhang die Tatsache, daß lange vor der Ausbreitung des Mithraskultes nach dem Westen zwischen Taufe und Sonne in Griechenland und in Italien ein Korrelat besteht. Dort laden nämlich die »Baptae« (= Täufer) an dem Tag des Jahres, an dem die Sonne am längsten scheint, die Gläubigen auf Berghöhen zu Sonnwendfeiern ein. Wie gesagt, das ist lange vor Christi Geburt.

Man denkt natürlich unwillkürlich an unsere Sonnwendfeuer, die am 24. Juni eines jeden Jahres entfacht werden. Und dieser 24. Juni, der längste Tag im Jahr, ist im Christentum Johannes dem Täufer geweiht. Auch hier wird wieder die besondere Beziehung der Taufe zur Sonne deutlich.

Darüber hinaus wird ja auch Johannes der Täufer noch oft mit dem Sonnenrad abgebildet. So hält etwa der Täufer von Großbirkach bei Bamberg (Sandsteinrelief um 1040) in seinen Händen ein Sonnenrad, in dem sich ein Lamm befindet. Auf einem anderen fränkischen Johannesrelief, das aus der im letzten Jahrhundert aufgehobenen Johanniter-Komturei in Würzburg stammt, ist ebenfalls ein

Lamm in der Sonnenscheibe zu sehen. Das Kunstwerk, heute im Mainfränkischen Museum in Würzburg, entsteht um 1330. Schließlich findet man auch auf dem Taufbecken von Altenstadt bei Schongau (um 1200) den heiligen Johannes mit Sonnenrad und Lamm.

Dieser Johannes wiederum steht in besonderer Beziehung zu Jesus, dessen Symbol ja auch die Sonne ist. Die Taufen werden zunächst in der Urkirche fast ausschließlich im höchsten Fest Jesu, an Ostern, gespendet. Jesus selbst lobt Johannes als »den Größten, der von einer Frau geboren wurde« (Matthäus, 11,11). Gefeiert wird das Fest des Täufers an seinem Geburtstag. Eine Ehre, die im Christentum sonst nur noch dem Heiland selbst (Weihnachten) und dessen Mutter (Mariä Geburt) zuteil wird.

Der Widder von Sempt und der mythologische Hintergrund deuten darauf hin, daß schon die Kelten der Taufe ähnliche Reinigungs- oder Einweihungsriten kennen.

Die zwölf Tierkreiszeichen

Den Sternen wird in der Antike große Bedeutung beigemessen. Schon im sechsten Jahrhundert vor Christus übernehmen die Griechen von den Babyloniern die zwölf Tierkreiszeichen. Die Astrologen genießen zeitweise höchstes Ansehen.

Von den Hellenen gelangt die Astrologie zu den Römern. »Es leitet uns das Schicksal, und die erste Stunde der Geburt schon hat über die Zukunft verfügt, die einem jeden zugemessen ist; Ursache hängt an Ursache«. Das sind die Worte Senecas. Kaiser Augustus, der in dessen Kinder- und Jugendjahren das Römische Reich regiert, läßt Silbermünzen mit seinem Sternbild, dem Steinbock, prägen, berichtet Sueton.

Daß auch Kelten mit der Astrologie und damit wohl auch mit den Tierkreiszeichen vertraut sind, verrät uns der Brief des heiligen Paulus an die Galater. »So waren wir«, schreibt er, »solange wir unmündig waren, unter die Mächte der Gestirne (= Sternzeichen) geknechtet«. Er fährt fort: »Als jedoch die Fülle der Zeit kam, entsandte Gott seinen Sohn, damit er die unter das Gesetz Gefangenen freikaufe«.

Freilich kann und will sich das frühe Christentum nicht ganz von den geistigen Traditionen der Antike lösen. In die Tierkreiszeichen werden nämlich die höchsten christlichen Feste und die Gedenktage von auserwählten Heiligen, die in enger Beziehung zu den Himmelszeichen stehen, planmäßig gelegt. Die Existenz einiger der Heiligen (Georg, Christoph, Margarethe, Katharina usw.) ist allerdings so umstritten, daß man in der Zeit des Zweiten Vatikanischen Konzils von Bestrebungen hört, sie aus dem Feiertagskalender der katholischen Kirche zu nehmen.

Trotz der geschichtlich nicht gesicherten Existenz sind gerade diese Heiligen ungemein populär. Ihre Portraits hängen (zusammen mit Bildern der Gottesmutter und der Heiligen Michael und Martin) jahrhundertelang in den Bauernstuben Bayerns. Darüber hinaus ist ihnen ein Großteil der bayerischen Kirchen geweiht.

Eine Übersicht zeigt, wie christliche Missionare Furcht und Ehrfurcht der Heiden vor den Tierkreiszeichen und den damit korrespondierenden heidnischen Göttern mit Hilfe der christlichen Feste überwinden:

– WIDDER (21. März – 20. April) – »Was immer ein Astrologe verkündet, kommt direkt von Ammons Quelle«, schreibt Iuvenal. Ammon ist der oberste Gott der Ägypter und als solcher mit einem Widderhorn abgebildet. In der griechisch-römischen Mythologie übernimmt, wie bereits dargestellt, dann Apollon/Apollo dieses Symbol. Das Lamm, manchmal aber auch der Widder, ist schließlich das Symbol Jesu, dessen höchstes Fest in dieses Tierkreiszeichen gelegt wird (siehe auch Kapitel »Esus mit dem Sonnenrad«).

– STIER (21. April – 20. Mai) – In das Tierkreiszeichen des Stiers, der Symbol des Kriegsgottes Mars ist, legen die ersten Christen das Fest des heiligen Georg (23. April/früher 24. April), der ebenso wie sein Vorgänger Mars in voller Rüstung mit der Lanze abgebildet wird. Somit bleibt der Stier auch im Christentum in Verbindung mit dem für Krieg und Soldaten zuständigen Heiligen (siehe auch Kapitel »Taranis – die Stierseele«).

– ZWILLINGE (21. Mai – 21. Juni) – Neben dem Adler ist das Zwillingspaar Kastor und Pollux in der antiken Mythologie Attribut des obersten Göttervaters. Beide Knaben stammen aus einem Liebesabenteuer mit Leda, der er sich als Schwan nähert. Vielleicht korrespondieren Kastor und Pollux mit dem Pfingstfest, das überwiegend in das Sternzeichen

Zwillinge fällt. Jedenfalls gehen bei Gewittern auf die Zwillinge vom Himmel Strahlenbüschel oder elektrische Funken nieder. Nach Seneca helfen Kastor und Pollux, wenn sich auf den Schiffsmasten Feuer zeigt. Wie dem Neuen Testament zu entnehmen ist, ist das Pfingstwunder von einem »gewaltigen Sturm« und von »Zungen wie von Feuer, die sich herabsenken« (Apostelgeschichte 2, 2-3) begleitet.

– KREBS (22. Juni – 22. Juli) – Der Krebs ist in der Antike das Attribut der Artemis/Diana. Sie ist die Göttin, die, wie bereits erwähnt, die Jagd liebt und oft mit Hirschfell und Schlange abgebildet wird. Weiter scheut sie die Blicke der Männer, so daß sie wie Athene/Minerva immer Jungfrau bleibt. Die Göttin assistiert auch den gebärenden Frauen. »Bei Geburten wendet man sich um Hilfe an sie«, schreibt Cicero. Den Bauern beschert sie eine reiche Ernte. Nach Darstellung Ciceros »macht sie die Nacht zum Tag«. Der Name Diana bedeute soviel wie Taggöttin (lateinisch dies = Tag), berichtet der Römer weiter.

Ihre Patronatsfunktion im Christentum geht an die heilige Margarethe über, die man häufig mit dem zweiten Symbol der Artemis/Diana sieht. Das Attribut der Heiligen ist mal Schlange mal Drache (griechisch drakon = Schlange), wie man auf den Kunstwerken feststellen kann. In Bayern kennt man den Spruch: »Barbara mit dem Turm/Kathl mit dem Radl/Margreth mit dem Wurm/Sind die drei bayerischen Madl«.

Die heilige Margarethe, die der Legende nach um 300 lebt, wird ebenfalls als Jungfrau verehrt. Sie gehört zu den vierzehn Nothelfern, und in Bayern ruft man sie allgemein als Wetterfrau an. Wichtiger aber wird ihre Funktion als Helferin sowohl bei Geburt als auch bei Unfruchtbarkeit. Kinderlose Ehepaare wallfahrten zu ihren Heiligtümern. Die berühmteste Margarethenkirche in Bayern steht in Baumburg nördlich vom Chiemsee. Der prominenteste Wallfahrer ist zweifelsohne Kurfürst Max III. Joseph, dessen Bitten allerdings erfolglos sind.

Das Fest der heiligen Margarethe wird in der griechischen Kirche ursprünglich am 13. Juli gefeiert, später am 20. Juli. Beide Tage liegen im Sternbild Krebs, der das Attribut der Diana ist, die die Nacht zum Tag macht. Im Tierkreiszeichen Krebs sind tatsächlich die Tage am längsten und die Nächte am kürzesten.

– LÖWE (23. Juli – 23. August) – Löwe und Herkules sind im Altertum unzertrennbar verbunden. Der Kraftheld hat als erstes seiner Werke den als unverwundbar geltenden Nemeischen Löwen zu erlegen. Nach dem Tod der Kreatur zieht ihr Herkules das Fell ab. Seither ist das Löwenfell ständiges Symbol des Herkules. Es gibt zahlreiche Bilder, die ihn mit einem Löwenkopf zeigen. Sehr oft ist er auch mit Jupiter abgebildet, den er auf dem Rücken trägt.

Die Tradition des Herkules führt im Christentum der heilige Christophorus fort, der nach der Legende das Jesuskind auf dem Rücken trägt. Das Fest des heiligen Christophorus, dessen Verehrung schon um 450 bekannt ist, wird am 24. Juli, also im Tierkreiszeichen des Löwen, dem Attribut des Herkules, gefeiert.

– JUNGFRAU (24. August – 23. September) –
Athene/Minerva gilt, wie bereits erwähnt, in der
Antike als »ewige Jungfrau«. »Allzeit reine Jungfrau« ist auch Maria. Das Geburtsfest der Muttergottes am 8. September ist zunächst das wichtigste
Marienfest. Es ist schon im sechsten Jahrhundert
nachweisbar. Gefeiert wird es im Sternkreiszeichen
der Jungfrau, als welche Maria angesehen wird.

– WAAGE (24. September – 23. Oktober) – Der
Götterbote Hermes/Merkur hat als Attribut Flügel
und eine Waage. Im Christentum dienen in der
Regel ebenfalls mit Flügeln dargestellte Engel als
Mittler zwischen Gottheit und Menschenwelt.
Oberster Engel ist der heilige Michael, dessen Sym-
bole ebenfalls Flügel und Waage sind. Er gilt wie
Hermes/Merkur auch als Schutzherr der Kaufleute,
für die die Waage unentbehrlich ist. Das Fest des
Erzengels Michael wird im Sternkreiszeichen Waage
gefeiert, am 29. September (siehe auch Kapitel »Der
Götterbote«).

– SKORPION (24. Oktober – 22. November) –
Der Skorpion ist in der griechischen Mythologie das
Attribut des Orion, eines Sohnes des Poseidon/
Neptun. Er gilt als passionierter Jäger. Als er damit
beschäftigt ist, eine Insel von wilden Tieren zu säu-
bern, trifft er Artemis/Diana, die er vergewaltigen
will. Doch die Göttin läßt sogleich einen großen
Skorpion aus der Erde wachsen, der Orion schließ-
lich sticht. Daraufhin bildet er das prachtvollste
Sternbild am Himmel.

Nachfolger des Orion im Christentum ist der heilige Eustachius, der schon im vierten Jahrhundert
verehrt wird und dessen Fest ursprünglich am 1.

oder 2. November gefeiert wird. Er ist ebenfalls ein passionierter Jäger, dem einmal auf einer Jagd ein Hirsch mit einem Kreuz zwischen den Geweihstangen erscheint. So jedenfalls geht die Legende. Nach seinem Tod taucht sein Name als Patron der Jäger im Heiligenkalender auf. Später wird er allerdings vom heiligen Hubertus (Festtag: 3. November) verdrängt. Heute ist Eustachius am 20. September.

– SCHÜTZE (23. November – 21. Dezember) – Von einem Schützen begleitet wird die Göttin Aphrodite/Venus, die Frau mit dem makellosen Körper und dem hübschesten Gesicht. Es ist Eros/Amor, den man stets mit Pfeil und Bogen in ihrer Nähe sieht. Aphrodite/Venus ist nicht nur die Göttin der Schönheit und der Liebe, sondern auch ein himmlisches Wesen, »das zu allen Anlässen kommt«, wie sich Cicero ausdrückt.

Im Christentum steht ihr die heilige Katharina gegenüber. Sie ist vor allem die Patronin der Gelehrsamkeit, aber auch der Mädchen und Ehefrauen. Insgeheim gilt sie als die Beschützerin der Verliebten. An ihrem Namenstag führen in Bayern die Burschen ihre Mädchen das letztemal im Jahr auf den Tanzboden. »Kathrein stellt den Tanz ein«, sagt man. Angerufen wird die heilige Katharina darüber hinaus, wie Aphrodite/Venus auch, prinzipiell bei allen Anlässen, was zur schnellen Ausbreitung ihres Kultes beiträgt.

Bekannt ist Katharina, die der Legende nach um 300 in Alexandrien lebt, aber auch wegen ihrer schönen Körperformen und Gesichtszüge. Sie ist die Hübscheste unter den Heiligen. In dem weitverbreitetsten bayerischen Legendenbuch des 19. Jahrhunderts, P. M. Vogels Lebensbeschreibungen der Heiligen Gottes, heißt es: »Ihre Schönheit übertrifft alle möglichen Schönheiten dieser Welt, die wir anstaunen«.

Das Fest der heiligen Katharina feiert die Kirche am 25. November, also im Sternbild Schütze, des Begleiters ihrer Vorgängerin Aphrodite/Venus.

– STEINBOCK (22. Dezember – 20. Januar) – Wie bereits erwähnt, ist Kaiser Augustus im Sternbild Steinbock geboren. Er läßt sich mit diesem Tier auch abbilden. Der Kaiser ist eine der großen Gestalten im Römischen Reich. Nach seinem Tod im Jahre 14 nach Christus wird er als Gott verehrt.

Sein Name taucht auch als historisch nachweisbare Gegenwartsperson im Neuen Testament auf. »In jenen Tagen«, so schreibt der Evangelist Lukas, »geschah es, daß vom Kaiser Augustus ein Befehl ausging, daß vom ganzen Erdkreis eine Volkszählung durchgeführt wird«. Aus diesem Grund müssen Maria und Josef von Nazareth nach Bethlehem, wo der Heiland zur Welt kommt.

Der Geburtstag des in der Regierungszeit des Kaisers Augustus geborenen Jesus wird von der Christenheit am 25. Dezember gefeiert, im Tierkreiszeichen Steinbock also, in dem auch Augustus das Licht der Welt erblickt.

– WASSERMANN (21. Januar – 19. Februar) – Der Wassermann ist in der Antike die Symbolfigur für Dionys/Bacchus. Er wird zwar als Weingott populär, hat aber ältere Beziehungen zum Meer oder allgemein zu allen Gewässern. So zieht er in Athen und anderen Städten als Prozessionsteilnehmer auf

Schiffskarren ein. Im Schiff erscheint er auf griechischen Vasen. Homer berichtet sogar, daß der Gott seine Zuflucht im Meer sucht.

Dem antiken Gott zu Ehren werden Winter für Winter orgiastische Feiern veranstaltet. Iuvenal spricht von »bacchischen Orgien«. Da ziehen Frauen mit Fackeln und Kerzen umher, eine Tanzwut ohnegleichen wird vermeldet. Man verkleidet sich so üppig und raffiniert, daß die Maske bald das feste Symbol dieses Gottes wird. Da auf den Festen unglaubliche Mengen von Wein getrunken werden, sieht man ihn auch immer mehr mit der Rebe.

Die christlichen Missionare setzen den Feiern der Frauen in der Antike das Fest Mariä Lichtmeß (2. Februar) entgegen. Schon im vierten Jahrhundert finden an diesem Tag Prozessionen mit brennenden Fackeln und Kerzen statt. In Bayern ist der 2. Februar bis in das erste Drittel des 20. Jahrhunderts ein hoher Festtag, an dem immer auch ein Umgang mit den in der Kirche frisch geweihten Kerzen stattfindet.

Die in der Antike veranstalteten Tanzfeste, Umzüge, Maskierungen und Orgien können aber von den Missionaren nicht unterdrückt werden. Es bleibt vor allem der Fasching, der mit einer an die Sicherheit grenzenden Wahrscheinlichkeit ein keltisches Erbstück ist. Der Begriff Fasching taucht in Bayern zum erstenmal 1283 in einer Passauer Urkunde als »vaschance« auf. Das könnte einerseits soviel wie Maskierung oder Gesichtswechsel (bretonisch fas = Gesicht, chench = wechseln; englisch change = wechseln; französisch changer = wechseln) bedeuten. Andererseits geht die Germanistik davon aus, daß Fastnacht nichts anderes heißt als Vorabend/Nacht vor dem Fasten = Dienstag vor dem Aschermittwoch (Kluge: Etymologisches Wörterbuch).

Besonders hoch her geht es darüber hinaus am Lichtmeßtag selbst. In Altbayern werden an diesem Tag Märkte abgehalten, auf denen getanzt und getrunken wird. In Schwaben ist die Vorstellung verbreitet, daß am Lichtmeßtag unbedingt fröhlich getanzt werden müsse, damit im kommenden Jahr der Flachs gerät. Allgemein wird an den Tagen um Lichtmeß gut und reichlich gegessen und getrunken. Jede Bäuerin, die auf ihren Ruf achtet, sorgt dafür, daß es den Dienstboten bestens geht.

Mariä Lichtmeß und der Fasching fallen in das Sternbild des Wassermanns, des Symbols des Dionys/Bacchus.

– FISCHE (20. Februar – 20. März) – Im letzten Tierkreiszeichen wird das Fest Petri Stuhlfeier am 22. Februar begangen. Es ist nicht nur das älteste Petrusfest, sondern gehört mit zu den ältesten christlichen Festen überhaupt. Symbol Petri sind neben den Schlüsseln die Fische. Jesus sagt zu ihm, dem ehemaligen Fischer am See Genesareth: »Von nun an wirst du Menschen fischen« (Lukas 5,10).

Das Fest Petri Stuhlfeier verdrängt die antiken Totenfeiern, die Jahr für Jahr am 22. Februar begangen werden. Dadurch herrschen Beziehungen zum Toten- und Unterweltsgott Hades/Pluto, der als ein Bruder des Zeus/Jupiter oftmals mit diesem gleichgesetzt wird. Der griechische Dichter Aischylos (um 525 – um 456) nennt Hades/Pluto den

Keltischer Gott	Griechisch-römischer Gott	Christliches Fest
Esus	Apollon/ Apollo	Jesus/ Ostern
Taranis	Ares/Mars	St. Georg
Teutates	Zeus/ Jupiter	Pfingsten
?	Artemis/ Diana	St. Margarethe
Ogmios	Herakles/ Herkules	St. Christophorus
Epona (?)	Athene/ Minerva	St. Maria
Al (?)	Hermes/ Merkur	St. Michael
?	Orion	St. Eustachius
?	Aphrodite/ Venus	St. Katharina
?	Augustus	Weihnachten
?	Dionys/ Bacchus	Mariä Lichtmeß
?	Hades/ Pluto	St. Petrus

Merkmal des heidnischen Gottes	Merkmal des christlichen Festes/Heiligen	Sternkreiszeichen
Sonne/ Widder	Sonne/ Lamm	Widder
Stier/ Kriegsrüstung	Kriegsrüstung	Stier
Zwillinge		Zwillinge
Krebs/ Schlange	Schlange	Krebs
Löwe/ trägt Jupiter	trägt Jesus	Löwe
Jungfrau	Jungfrau	Jungfrau
Waage	Waage	Waage
Jäger/ Skorpion	Jäger	Skorpion
Schönheit/ Schütze	Schönheit	Schütze
Steinbock		Steinbock
Wassermann Lichterumzug (Fasching)	Lichterumzug (Fasching)	Wassermann
	Fische	Fische

»anderen Zeus«. Auffälligstes Zeichen auf dem Weg in die Unterwelt ist der Markstein »Leukas Petra«, bei dem sich zwei große Flüsse treffen.

Vielleicht stehen die fischreichen Flüsse und der Markstein »Leukas Petra« in einer Beziehung zum heiligen Petrus. Gesichert ist aber auf alle Fälle die Interdependenz von Göttervater und Petrus. Wie bereits dargestellt, werden in der Christianisierungsphase die nachweisbaren Jupiterheiligtümer in Peterskirchen verwandelt.

Wie im Süden ist auch in Deutschland Petri Stuhlfeier eines der hohen Feste. In Bayern wird nach dem Kirchgang so ausgiebig gefeiert, daß die Bischöfe schimpfen. »Stuhlfest-Schmausereien sollen von den Geistlichen nicht besucht werden«, ordnet 1649 der Regensburger Bischof Franz Wilhelm von Wartenberg an.

Wie sehr aber das Fest und das Sternkreiszeichen der Fische zusammengehören, zeigen die Bräuche in Gegenden, in denen die Menschen vom Fischfang leben. In Sylt ist beispielsweise der 22. Februar, der »Petritag« genannt, der höchste Feiertag des Jahres. Noch am 21. Februar ist der Tag des Abschiedes der Sylter Seefahrer. Dann geht es wieder hinaus auf Fang. Der »Petritag« ist nämlich der frühestmögliche Beginn der christlichen Seefahrt.

Götter in Regensburg

Gestützt auf diese Feststellungen über die Tradition im kultischen Bereich kann man sich nun auch an den Versuch einer ersten Rekonstruktion der Verhältnisse zur Kelten- und Römerzeit von der Gegenwart aus wagen, wenn man sich dabei stets vor Augen hält, daß man mit dieser Umkehrung der Methoden den auf dem Gebiet der Keltenforschung ohnehin oft schwankenden Boden der Wissenschaft endgültig verläßt und sich auf das Gebiet der Spekulation begibt.

Besonders ergiebig ist das Beispiel Regensburg. Dort stehen die ältesten bayerischen Kirchen mit den interessantesten Patrozinien: St. Peter, St. Georg, St. Michael, Heilig Kreuz und Mariä Geburt. Es sind also exakt jene Gestalten der christlichen Glaubenswelt, die den fünf keltischen Gottheiten gegenübergestellt werden, die Caesar für die wichtigsten hält.

Die Stadt gliedert sich in der Antike in zwei Teile: in die römische Garnisonsstadt, wo ursprünglich Kelten siedeln, wie Ausgrabungen ergeben, und wo später keltische und römische Soldaten gemeinsam Dienst tun, wie noch zu zeigen sein wird, und in die Siedlung westlich des Lagers, wo keltische und römische Zivilisten wohnen und arbeiten.

In der Zivilsiedlung ist zunächst der Bezirk um die heutige Emmeramskirche interessant. Arbeos Hagiographie des heiligen Emmeram ist zu entnehmen, daß die Vorgängerkirche dem heiligen Georg geweiht ist und mindestens schon seit 652 existiert. Nördlich davon steht ursprünglich ein Heiligtum des heiligen Michael, das im 19. Jahrhundert abgerissen wird.

Zieht man jetzt die entsprechenden Rückschlüsse, so kommt man zu dem Ergebnis, daß St. Emmeram, vormals St. Georg, zur Keltenzeit ein Heiligtum des Taranis ist. Vielleicht verhält es sich hier wie bei der

Kölner Georgskirche, die ja auch ein Nachfolgebau eines keltischen Heiligtums ist. Die Michaelskirche müßte unserer Methode zufolge eine frühere Verehrungsstätte des heidnischen Götterboten sein.

Nordwestlich von diesem »heiligen Bezirk« steht noch heute die Heilig-Kreuz-Kirche, die Klosterschwestern im 13. Jahrhundert erbauen lassen. Entscheidend ist aber nicht das Alter der Kirche, sondern das Alter des Patroziniums. Das Heilig-Kreuz-Gotteshaus könnte also auf einem Esus-Heiligtum basieren.

Ähnliche Thesen lassen sich auch für das Gebiet des Römerlagers aufstellen. Auf diesem Terrain stehen unter anderem drei Petersheiligtümer und die der Gottesmutter Maria geweihte Alte Kapelle.

Wie bereits erwähnt, dürfte es sich beim Petersdom um den Nachfolgebau des Jupiterheiligtums im Römerkastell handeln. Vielleicht sind die anderen beiden Peterskirchen ebenfalls ehemalige Jupiterstätten. In Italien jedenfalls sind ja mehrere Jupiter- beziehungsweise Petersheiligtümer in einem Ort gang und gäbe.

Das älteste Marienheiligtum ist die Alte Kapelle südöstlich des Petersdoms. Hier entdeckt man in der Tat kultische Gegenstände aus der Römerzeit. Nach der Legende verwandelt Kaiser Konstantin der Große (um 288-337) einen der Göttin Minerva geweihten Tempel in eine Marienkirche. Von der römischen Göttin wird in Regensburg auch eine Plastik gefunden.

Es bleibt abzuwarten, ob und inwieweit diese Thesen von der Archäologie bestätigt werden. Im positiven Fall könnte sich daraus ein Hilfsmittel für

Radaspona/Castra Regina
Regensburg

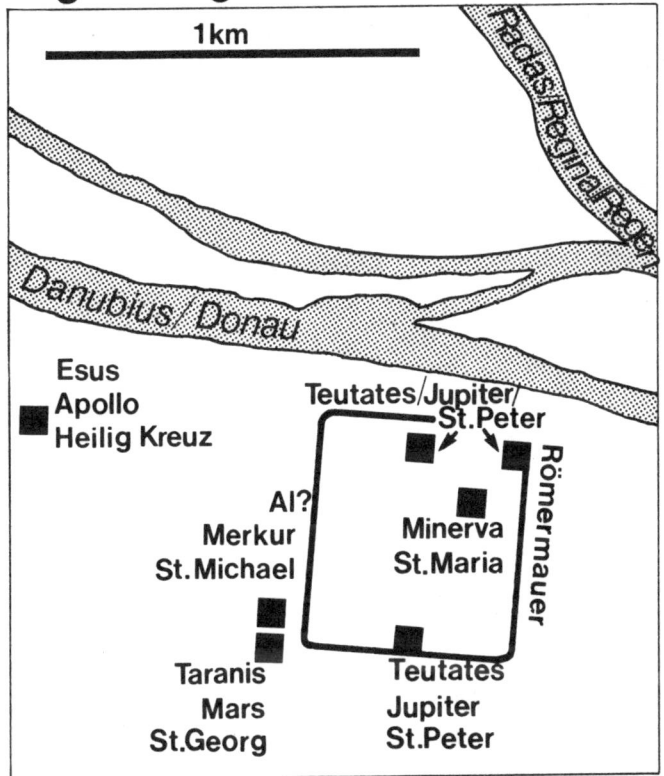

die Forschungen dieser Wissenschaft ergeben, mehr noch: ein weiterer Beweis für eine ununterbrochene Kult- und damit Siedlungstradition im bayerischen Raum von der Keltenzeit bis zur Gegenwart.

Von Druiden und Menschenopfern

Barden, Wahrsager und Druiden sind nach übereinstimmender Mitteilung von Strabo und Ammianus

Marcellinus diejenigen Gruppen in der keltischen Gesellschaft, die den religiösen und pseudoreligiösen Bereich abdecken. »Die Barden sind Hymnensänger und Dichter, die Wahrsager Oberpriester und Naturkundige«, schreibt Strabo. Nach Ammianus Marcellinus besingen die Barden auch »zu den süßesten Weisen der Leier die Heldentaten berühmter Männer«.

Die Wahrsager mit der Funktion von Oberpriestern vollziehen ein grausames Geschäft. »Einem zum Opfer geweihten Menschen«, so berichtet Strabo, »stoßen sie das Schwert in den Rücken und wahrsagen aus seinen Zuckungen«.

Die Kelten kennen demnach einen ähnlichen blutigen Ritus beim Wahrsagen wie die Kimbern, deren Priesterinnen aus dem Blut der Opfer weissagen. Ein eisernes Hiebmesser, das zum Töten von Menschen geeignet ist, findet man innerhalb des Ringwalles der bayerischen Keltenstadt Houbirg gleich hinter dem Tor.

Es gibt aber auch noch andere Arten von Opferungen, schreibt Strabo weiter. »Manche Menschen nämlich erschießen sie (die Kelten) mit Pfeilen und kreuzigen sie in den Tempeln, auch verfertigen sie einen Scheiterhaufen von Heu und Holz, stecken Hausvieh und allerlei Tiere und Menschen hinein und verbrennen alles zusammen«.

Caesar berichtet ähnliches: »Verschiedene Völker haben ungeheuer große Figuren, deren aus Weidenruten zusammengeflochtene Glieder sie mit lebendigen Menschen füllen; sie werden dann von unten angezündet, und die Menschen darinnen kommen in den Flammen um«. Man glaube zwar, »die Opferung von Dieben, Straßenräubern oder sonstigen Bösewichten sei den Göttern am angenehmsten, doch wenn es an dergleichen Leuten fehlt, so nehmen sie auch unschuldige dazu«.

Nie wird aber ohne die Druiden geopfert. Es handelt sich um eine Priesterkaste, die sich offensichtlich rast- und restlos der Pflege des Kultes widmet.

Zum Druidenberuf bestimmt wird man von den Eltern, schreibt Caesar, und er fährt fort: »Es heißt, daß sie dann eine große Menge von Versen auswendig lernen; daher müssen einige wohl zwanzig Jahre lang bei dem Unterricht aushalten«. Wenn ihre Ausbildung dann abgeschlossen ist, sind sie von Steuern und Kriegsdienst befreit.

Die Lehren der Druiden dürfen auf keinen Fall schriftlich aufgezeichnet werden. Caesar vermutet, daß sie damit »ihre Lehren vor dem gemeinen Mann geheimhalten« und ihre Exklusivität wahren wollen.

Wer einmal in den Stand der Druiden aufgenommen ist, kann in deren Priesterhierarchie immer weiter nach oben kommen. »Die gesamten Druiden haben einen Oberdruiden, der bei ihnen eine ungemein wichtige Person ist«, schreibt Caesar, der uns leider nicht mitteilt, ob das Druidenhaupt über einen Stamm, mehrere Stämme oder über alle Kelten gebietet. Stirbt dieser Oberdruide, »folgt ihm der von den Druiden nach, der sich durch Ansehen vor den übrigen auszeichnet«. Stehen mehrere Kandidaten zur Verfügung, so wird gewählt. »Zuweilen streiten sie aber auch um das höchste Amt mit den Waffen«.

Von den Aufgaben und Beschäftigungen der Druiden berichten mehrere antike Schriftsteller.

Ammianus Marcellinus erzählt, daß sie sich »nach Anweisung des Pythagoras in Freundesbünden zusammenschließen und ihren Höhenflug mit Fragen erhabener Geheimnisse beschäftigen«. Das bedeute, daß sie alles Menschliche verachten. Die Seele des Menschen halten sie dagegen für unsterblich.

Strabo meint, die Druiden beschäftigen sich mit Naturkunde und Moralphilosophie. Weiter betont er, »sie werden für die gerechtesten Männer gehalten, und deshalb vertraut man ihnen sowohl die besonderen als allgemeinen Rechtshändel an«.

Weniger freundlich spricht Marcus Annaeus Lucanus über die Druiden, denen er »rohe Riten und fremdartigen Opferbrauch« anlastet. »Ihnen ist bestimmt«, so schreibt der junge Römer, »Götter und Himmelsmächte als einzige zu kennen oder als einzige zu verkennen«. Daß sie Menschen opfern dürfen, berichtet Plinius Secundus.

Diese Aussagen über die Druiden gelten generell für alle keltischen Völkerschaften. Spezielle Aussagen über ihre Dienste, Verdienste oder Mißbräuche in Bayern gibt es nicht. Allerdings sind auch hier Druiden tätig. Sie leben sogar noch bis ins letzte Jahrhundert im Bewußtsein des bayerischen Volkes fort. Der Truder ist in Bayern ein Unhold männlichen Geschlechts, die Drud ein weiblicher, nächtlicher Plagegeist oder schlichtweg eine Hexe. Der Trudenfuß oder das Trudenkreuz, zwei ineinander verschränkte Dreiecke, verscheuchen nach dem Volksglauben diese Unholde und Hexen.

Zum zweiten weist der römische Schriftsteller Marcus Annaeus Lucanus den Druiden Plätze zu, die in Bayern heute noch auszumachen sind. Er schreibt: »Unter hohen Bäumen wohnen die Druiden in einsamen Hainen«. Damit sind wir beim Thema »Viereckschanzen« angelangt.

Opferungen im Tempelbezirk

Das eindrucksvollstes Erbe der Kelten in Bayern sind die Tempelgebiete, allgemein Viereckschanzen genannt, in den Wäldern und auf den Feldern des Landes. Es sind von Wällen, teilweise sogar von Doppelwällen geschützte Bezirke. Manche Viereckschanzen, etwa jene in Traitsching im Bayerischen Wald, haben so steil abfallende Erdumfriedungen, daß man oft vermutet hat, es handle sich um militärische Befestigungen.

Die Ausgrabungen in der Anlage in Holzhausen bei Wolfratshausen ergeben aber eindeutig, daß man es mit Opferstätten der Kelten zu tun hat. Hier verrichten die Druiden ihre geistlichen Aufgaben und schlachten Menschen und Tiere, um das Wohlgefallen ihrer Götter zu erringen. Diese Tempelbezirke gehören damit nicht nur zu den ältesten, sondern auch zu den geheimnisumwittertsten und gespenstischsten Geschichtsdenkmälern in Bayern.

Rund 150 Tempelbezirke sind heute noch auf bayerischem Boden nachzuweisen und für jedermann in der freien Natur zu besuchen. Im folgenden eine Übersicht:

Oberbayern

München-Aubing (2), München-Perlach, Buchendorf, Gilching (2) bei Starnberg,

Deining, Egling, Eichenhausen, Endlhausen, Holz-
hausen (2), Neufahrn, Oberbiberg (2), Riedhof bei
Wolfratshausen,
Hohenzell, Biburg, Schöngeising, Steindorf bei
Fürstenfeldbruck,
Kirchötting, Lieberharting, Neufahrn, Oberhofkir-
chen, Oberschwillbach, Papferding, Teufstetten
(2), Urtl bei Erding,
Aitersteinering, Alxing bei Ebersberg,
Arnzell bei Dachau,
Biberg bei Scheyern,
Kasing, Biber, Biberg, Böhmfeld (2), Hofstetten,
Imbath, Lobsing, Pondorf, Schwabstetten bei Eich-
stätt,
Manching, Neuhaus-Forst bei Ingolstadt,
Obersteppach bei Wasserburg,
Maxing, Plößling bei Mühldorf,
Sondermoning, Truchtlaching bei Traunstein,
Biburg, Biburg-Hausstätt bei Laufen,
Biburg, Höresham bei Altötting,
Entraching, Utting bei Landsberg.

Niederbayern

Buchhof, Dünzling, Holzharlanden, Kleinberg-
hofen, Unterschambach bei Kelheim,
Radlsdorf, Schnatting, bei Straubing,
Biburg (2), Buchhausen, Sallach (2), Unterlaiching
bei Mallersdorf/Geiselhöring,
Stephansposching bei Deggendorf,
Würding bei Vilshofen,
Bibing, Neuburg bei Passau,
Pörndorf, Sulzbach, Wiedmais bei Eggenfelden,

Biberg, Sankt Georgen bei Pfarrkirchen,
Biberg, Meierhof bei Griesbach,
Biberg bei Dingolfing,
Biberg, Dornach bei Landau an der Isar,
Biberg, Niederleierndorf (2), Oberlauterbach,
Schaltdorf bei Rottenburg,
Berghausen, Radertshausen, Sandelzhausen bei Mainburg,
Appersdorf, Gleißenbach, Moosthann (2), Steinzell bei Landshut.

Oberpfalz

Hagelstadt, Poign bei Regensburg,
Haag, Pellndorf bei Parsberg,
Berngau, Lauterhofen bei Neumarkt,
Nößwartling bei Furth im Wald,
Traitsching bei Cham.

Schwaben

Rettenbergen, Reutern, Willmatshofen, Bachern,
Eurasburger Forst, Friedberg bei Augsburg,
Asch, Eurishofen, Frankenhofen, Gerbishofen,
Leeder bei Kaufbeuren,
Kettershausen, Olgishofen, Osterberg bei Illertissen,
Dirlewang, Türkheim, Unterammingen bei Mindelheim,
Buchholzforst bei Schwabmünchen,
Zusamaltheim bei Wertingen,
Raunertshofen bei Ulm,
Breitenthal, Waltenberg, Waltenhausen bei Krumbach (dort gleich in der Nähe zwei Keltenschanzen),

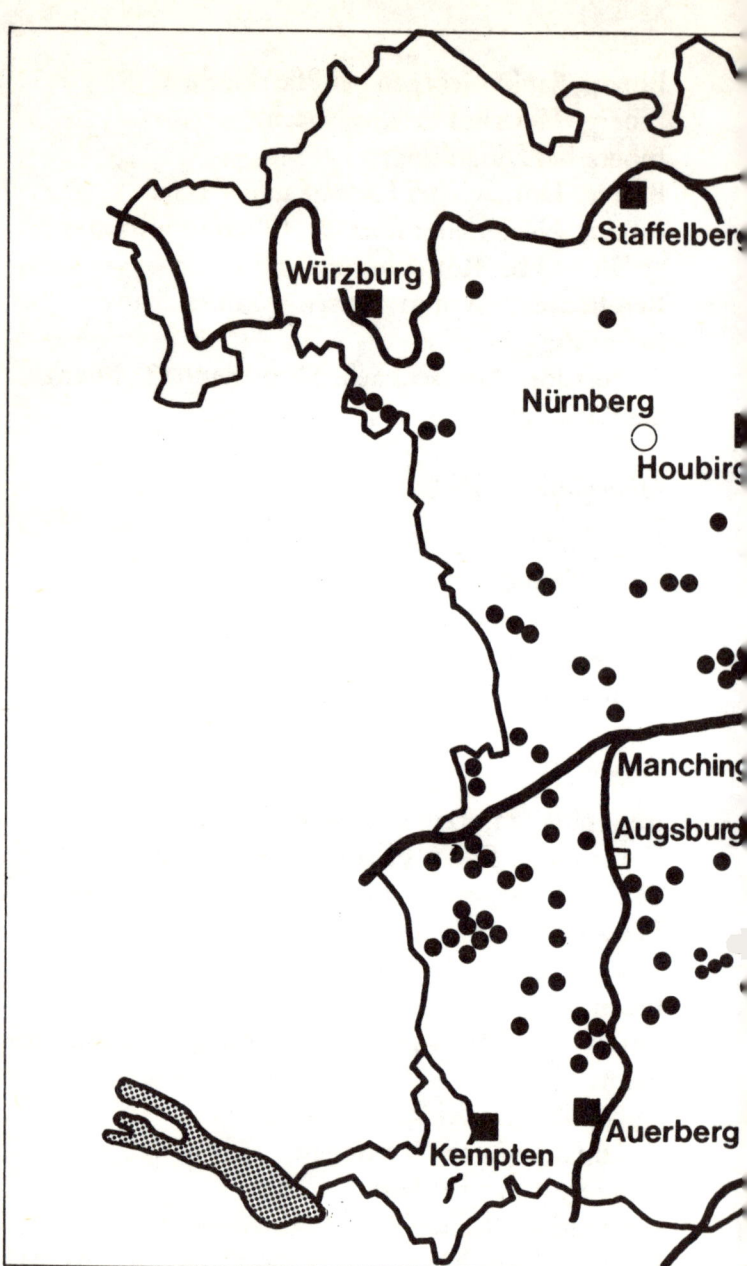

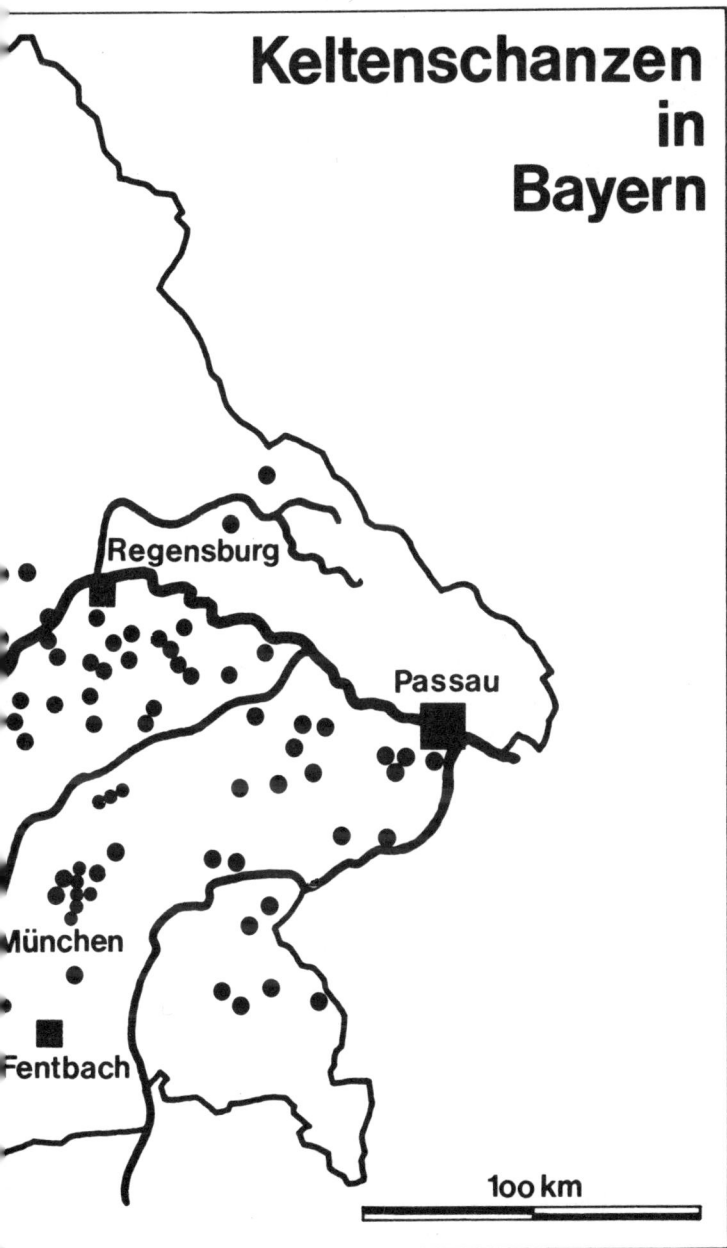

Keltenschanzen
in
Bayern

Regensburg

Passau

München

Fentbach

100 km

Burtenbach (2), Deubach, Großkötz, Limbach, Wettenhausen bei Günzburg,
Graisbach, Otting, Wittesheim bei Donauwörth,
Haunsheim, Oberglauheim, Untermedlingen (2) bei Dillingen,
Amerdingen, Dornstadt-Linkersbeindt-Forst bei Nördlingen.

Oberfranken

Nainsdorf bei Höchstadt

Mittelfranken

Burgstallhof, Eybburg, Fürnheim, Heide-Forst, Weiltingen bei Dinkelsbühl,
Pleinfeld bei Weißenburg,
Bucherforst, Custenlohr bei Uffenheim,
Laibstadt, Thalmässing bei Hilpoltstein.

Unterfranken

Bimbach bei Gerolzhofen,
Willanzheim bei Kitzingen,
Aufstetten, Baldersheim, Bütthard (2), Stalldorf (2) bei Ochsenfurt.

Wer sich die Liste dieser Ortsnamen genauer ansieht, entdeckt sehr schnell, daß in Ober- und Niederbayern direkt neben jeder fünften Keltenschanze ein Ort liegt, der Biberg, Biburg oder ähnlich heißt. Da die Silbe »bi« im Althochdeutschen »bei« bedeutet, haben wir es vermutlich mit Stätten, Dörfern oder Höfen *bei* einem Opferplatz zu tun.

Auffallend ist schließlich noch, daß ein Drittel aller ober- und niederbayerischen Viereckschanzen direkt neben einem Ort liegt, der auf die Silbe »-ing« endet. Das heißt, daß es sich bei diesen Siedlungen mit Sicherheit um alten bayerischen Kulturboden handelt. Eine Siedlungskontinuität scheint hier sehr wahrscheinlich.

Beim Betrachten einer Karte, in der keltische Kultanlagen eingezeichnet sind, fällt sofort auf, daß sich diese im Bereich Wolfratshausen, Kelheim, Kaufbeuren, Erding und Krumbach konzentrieren. Man kann daraus wohl schließen, daß diese Gebiete vor und um die Zeitwende besonders dicht besiedelt sind.

Eine Überraschung haben wir in diesem Zusammenhang noch der bereits eingangs erwähnten Luftbildarchäologie zu verdanken. Otto Braasch entdeckt nämlich 1982 im Münchner Raum noch 15 bisher unbekannte Keltenschanzen (eine weitere bei Schwabhausen/Dachau). Es handelt sich um Heiligtümer in München-Langwied (2), München-Feldmoching, Kirchheim (3), Pliening (2), Poing, Neubiberg-Unterbiberg, Puchheim, Eichenau, Germering, Alling-Biburg, Schöngeising. Im »Archäologischen Jahr in Bayern« schreibt Braasch 1983, die keltischen Opferstätten »sind über Tage nicht mehr sichtbar und deshalb durch Baumaßnahmen besonders gefährdet, nicht zuletzt auch deshalb, weil es der archäologischen Denkmalpflege an Mitteln und Kräften fehlt«.

Rätselhaft ist bis heute, warum die Opferbezirke an der heutigen deutsch-österreichischen Grenze (Inn/Salzach) aufhören. Jenseits dieses Streifens

146

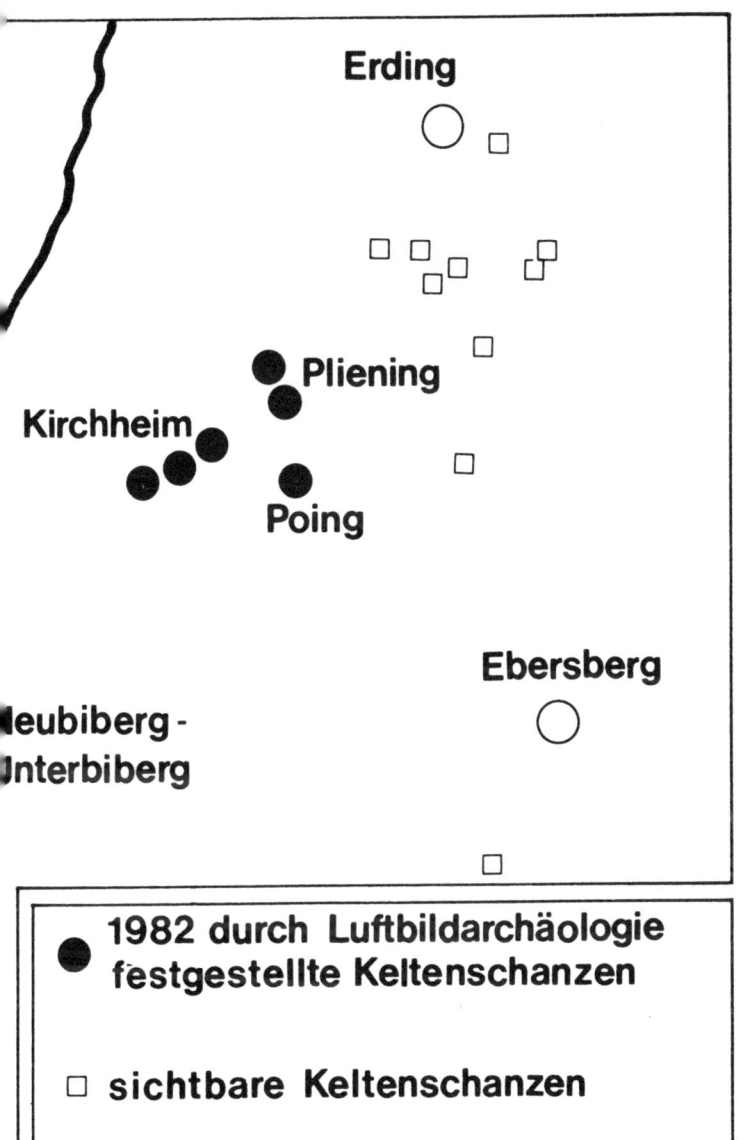

Erding

Pliening

Kirchheim

Poing

Ebersberg

Neubiberg -
Unterbiberg

● 1982 durch Luftbildarchäologie
festgestellte Keltenschanzen

□ sichtbare Keltenschanzen

1o km

147

wohnen ja auch Kelten. Haben sie eine etwas abweichende Religion oder Opferweise? Eine Frage, die derzeit nicht zu beantworten ist.

Nun zu den Keltenschanzen selbst: Die Wälle, heute einziges Erkennungsmerkmal der Opferstätten, sind im Durchschnitt zwischen einem und fünf Meter hoch. Die Seitenlänge beträgt in der Regel siebzig bis neunzig Meter. Der umschlossene Raum macht damit rund 6500 Quadratmeter aus. Allerdings gibt es in Bayern auch Anlagen, die viel kleiner (bis zu 1600 Quadratmeter), aber auch erheblich größer (bis zu 20 000 Quadratmeter) sind.

Die meisten Tempelbezirke sind annähernd quadratisch, in Ausnahmefälle extrem rechteckig. Hin und wieder werden aber auch Fünfeckanlagen gebaut. Solche Tempel- und Opferstätten finden wir in Utting, Entraching, Holzhausen bei Fürstenfeldbruck, Holzhausen bei Wolfratshausen, Sondermoning, Deisenhofen und Baldersheim.

In Deisenhofen, Sallach, Wittenbach, Custenlohr und Eurishofen hat man es mit mehreren unmittelbar aneinandergrenzenden Anlagen zu tun, um sogenannte Mehrfachschanzen. Zu erklären ist dieses Phänomen zur Zeit nicht. Vielleicht bringen Ausgrabungen neue Aufschlüsse.

Auffallend an ausnahmslos allen bayerischen Tempel- und Opferanlagen ist, daß sich das jeweilige Zugangstor entweder an der West-, Ost- oder Südseite befindet, und das hat seine tiefere Bedeutung:

Angenommen, die Menschen einer fernen Epoche finden eines Tages nur noch Grundrisse unserer romanischen und gotischen Gotteshäuser vor, so stehen sie vor einem ähnlichen Phänomen. Sie werden nämlich feststellen, daß die Tore und Türen zu diesen Kirchen immer an der Süd-, Nord- und Westseite auszumachen sind, nie aber an der Ostseite. Das können sie auch gar nicht, denn in den alten Kirchen steht dort immer der Altar.

Zieht man nun einen analogen Schluß hinsichtlich der keltischen Viereckschanzen, so kommt man zu dem Ergebnis, daß dort die Opferstätten im Norden stehen. Praktisch heißt das, daß die Sonne den ganzen Tag über die Riten in den heiligen Hainen verfolgen kann.

Diese These wird durch die Ausgrabungen in Holzhausen erhärtet. Dort weist man nämlich genau in der Nordecke die Opferstätte nach.

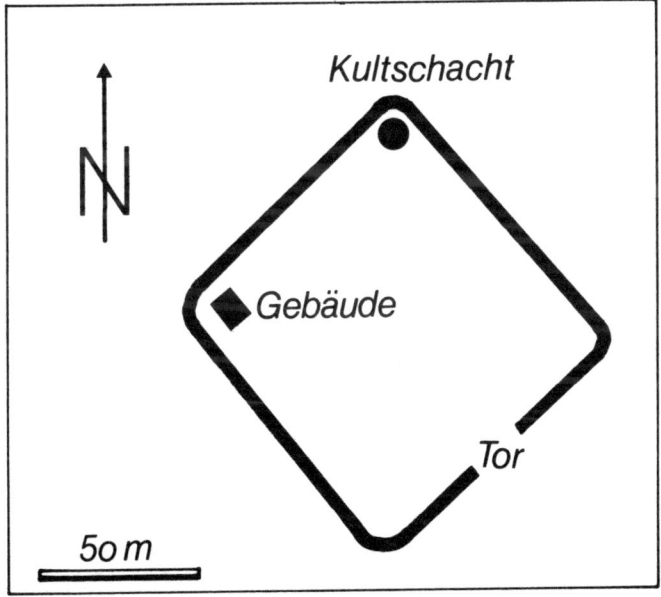

Grundriß der untersuchten Keltenschanze in Holzhausen.

Zunächst entdeckt man einen sechseinhalb Meter tiefen Schacht, in dem ein zwei Meter langer Holzpfahl steckt. Wie aber kommt er in die Grube? Die Ausgrabungsbeschreibung läßt eine exakte Rekonstruktion zu:

Der Pfahl wird von den Kelten bis zur Hälfte mit gewaschenen Kieselsteinen bedeckt. Gleichzeitig schüttet man Kies und Lehm nach, so daß das Holz am Boden des Schachtes verankert ist. Die obere Hälfte bleibt frei. Hier tummeln sich während der Opferphase Mäuse, deren Knochen 2000 Jahre später von den Archäologen gefunden werden.

Jetzt aber kommt das Überraschende: Rund um den Pfahl werden Lehmbrocken geborgen, die hohe Nitrit- und Nitratsubstanzen enthalten. Das deutet auf Eiweißfäulnis hin. Der Lehm ist also mit Spuren von organischem Material, also Resten menschlicher oder tierischer Körper durchsetzt. Von den Mäusen können diese Spuren nicht stammen, da die Lehmbrocken mit den organischen Resten bis zum oberen Ende des Pfahls reichen. Interessant ist noch, daß im benachbarten Schacht sogar ein zweizinkiger Fleischhaken zum Vorschein kommt.

Ähnliche Entdeckungen wie im oberbayerischen Holzhausen macht man bei den Ausgrabungen im keltischen Tempel- und Opferbezirk bei Tomerdingen nördlich von Ulm. Im keltischen Frankreich werden ebenfalls aus Schächten Bäume ausgegraben, so in Le Bernard im Departement Vendée. In einem Schacht finden die Archäologen sogar eine Schale mit verbrannten menschlichen Knochen.

Daraus läßt sich folgern, daß in den Viereckschanzen nach den Riten, die uns die antiken

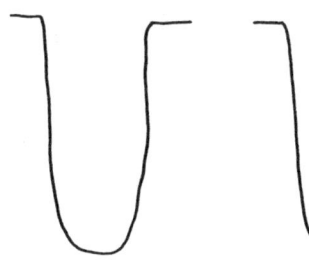 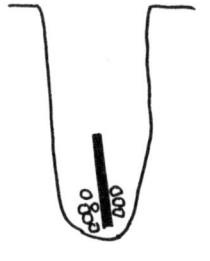 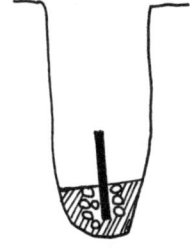

1. Aushub eines
Schachtes (Durch-
messer an der
Oberfläche:
3 Meter)

2. Befestigung
eines Baum-
stammes mit gewa-
schenen größeren
Kieselsteinen

3. Aufschüttung
des Bodens mit ge-
wöhnlichem Kies
und Lehm

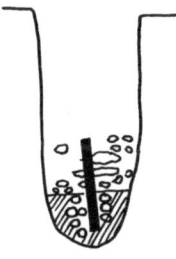 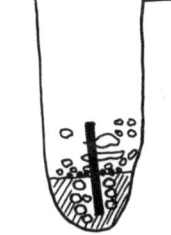 

4. Opferfleisch ge-
langt rings um den
Stamm

5. Mäuse klettern
in den Schacht
(Knochenfunde)

6. Allmähliche
Auffüllung mit
Kies

3 Meter

Der Kultschacht von Holzhausen – vom Aushub bis zum Verfall

Schriftsteller schildern, geopfert wird. Das heißt
auch, daß die zum Opfer bestimmten Menschen
oder Tiere über dem Schacht geschlachtet werden.
Gewollt oder ungewollt tropft dabei das Blut, das
normalerweise in die Opferkessel fließt, auf die
Erde, von der aus Spuren in den Kultschacht ge-

151

langen. Die Leichen der Opfertiere und -menschen werden nach der Zeremonie anscheinend wegtransportiert und vermutlich verbrannt.

Das Grabungsergebnis von Holzhausen findet seine Entsprechung im Opferkessel von Gundestrup. Darauf sieht man, wie sechs Krieger mit Schild und Lanze einen Baum zum Opferkessel des Druiden schleppen. Der Priester, dreimal so groß dargestellt wie die Soldaten, packt gerade einen Menschen an der Taille und an einem Bein und hält ihn über den bereitgestellten Opferkessel.

Schweinshaxen, Säfte und Schmuck als Grabbeigaben

Das menschliche Leben ist in der Antike von unterschiedlichem Wert. Mensch ist nicht gleich Mensch. Das gilt für Athen genauso wie für Rom. Wer heute auf der Schule Griechisch und Latein lernt, erfährt zwar eine »humanistische Bildung«, doch von Humanismus kann man im heutigen Sinn in der Antike nicht sprechen.

Besonders grausam ist man bei den Kelten. Sie halten Menschenfleisch sogar für Medizin, berichtet Plinius Secundus. Menschen werden also nicht nur in den heiligen Hainen geopfert, sondern auch verzehrt, zumindest zu bestimmten Anlässen.

Das Fundgut in Bayern bestätigt nachdrücklich die Aussagen des Plinius Secundus. Bei den Ausgrabungen in Manching werden im Abfall und Unrat auch Knochen von Menschen – Männern, Frauen und Kindern – entdeckt. Das kann aber nur heißen, daß in den Häusern Menschenfleisch tatsächlich verspeist wird.

Andererseits aber schätzen und schützen die Menschen auch ihr Leben. Wir wissen, daß sich Ärzte um die Gesundheit der Zeitgenossen kümmern. Das Grab eines Arztes, vielleicht eines Druiden, wird in München-Obermenzing ausgegraben.

Neben dem Skelett findet man zwei längliche Instrumente aus einem ärztlichen Besteck. Sie ähneln denen eines römischen Mediziners, die ebenfalls im bayerischen Boden entdeckt werden. Nach einer Darstellung des Kaisers Marc Aurel (121-180), der das Römerkastell in Regensburg bauen läßt, dienen »die eisernen Geräte für plötzliche Behandlungen«. Beide Besteckgarnituren werden in der Prähistorischen Staatssammlung in München aufbewahrt und ausgestellt.

Obwohl den bayerischen Arzt aus der Keltenzeit von Marc Aurel über 300 Jahre trennen, gehört schon dessen Grab zu den letzten uns bekannten keltischen Grabstätten in Bayern.

Die Kelten wechseln nämlich zweimal die Bestattungsbräuche. Von der späten Hallstattzeit bis in die frühe Latènezeit hinein, also von rund 600 bis rund 300 vor Christus beerdigen die Menschen ihre Toten in eigenen Hügeln. Die Grabungen auf dem Dürrnberg an der österreichisch-bayerischen Grenze liefern uns dazu einige interessante Aspekte.

Danach werden die Toten in ihrer Tracht bestattet. Männern gibt man Waffen bei, Kindern oft Amulette.

In fast jedem Grab werden Tierknochen gefunden, wahrscheinlich Reste von Fleischbeigaben. Es handelt sich vor allem um Rippenstücke von Rindern, Ziegen und Schafen und um Schweinshaxen. Ganz in der Nähe dieser Knochen entdeckt man größere Eisenmesser, die offenbar zum Zerteilen der Speisen dienen sollen. In den Gräbern findet man aber auch flaschenförmige Gefäße aus gebranntem Ton, in denen man Spuren von Fruchtsäften und Wein feststellt.

Die Menschen glauben also, daß die Toten eine längere Reise in ein Jenseits anzutreten hätten. Damit man für diesen Weg gerüstet ist, brauche man wie im irdischen Leben Speis und Trank. Man kann davon ausgehen, daß Reichtum und Sozialprestige des Verstorbenen Einfluß auf die Auswahl der Beigaben haben.

Eine gewisse Bedeutung spielt in diesem Zusammenhang auch der Schmuck der Frauen. Die Toten werden offensichtlich in ihrem schönsten Kleid und mit dem kostbarsten Geschmeide beigesetzt.

Je näher dann die Zeit an das Jahr Null heranrückt, desto mehr geben die Menschen die Bestattungen in Grabhügeln auf. Bis zum zweiten Jahrhundert vor der Zeitenwende begräbt man die Toten wie heute im Boden. Gleichzeitig werden auch die Beigaben immer seltener. Das deutet auf einen gewissen Wandel der religiösen und sozialen Vorstellungen der Menschen hin. Vielleicht setzt sich jetzt die Vorstellung durch, daß die Toten sofort in das Jenseits gelangen und deshalb für die letzte Reise keine Wegzehrung brauchen. Allerdings wird auf Schmuck, der typisch für die Zeit ist, nach wie vor Wert gelegt, was aus den Beigaben der Gräber in Köfering bei Regensburg, Lenting bei Ingolstadt und Obernau bei Aschaffenburg zu schließen ist.

Gerade die Gräber in Obernau markieren Ende und Wende einer Periode der Keltenzeit in Bayern. Dort entdeckt man nämlich schon im zweiten Jahrhundert vor Christus Leichenbrand und die überall gebräuchlichen Fibeln.

Im letzten Jahrhundert vor Christi Geburt werden die Toten dann zum überwiegenden Teil dem Feuer übergeben. Caesar vermeldet dies auch ausdrücklich von den Kelten in Gallien. Hierzulande findet man verbrannte Leichen unter anderem noch in Langengeisling bei Erding und in Großromstedt. Es wird nun »eine Art des Totenkults angewendet, von der keinerlei Spuren für den Archäologen erkennbar sind« (Hans Peter Uenze). Literarische Zeugnisse fehlen ebenfalls.

Die Sitte der Leichenverbrennungen hält sich in Bayern bis in die Mitte des fünften Jahrhunderts nach Christus. Die ersten Reihengräber mit der heute üblichen Erdbestattung sind in Bayern bei Erding, Mühldorf, Straubing und Regensburg nachweisbar. Das heißt auch, daß die oft angenommene Einwanderung der Bayern um 540 eine nicht mehr zu haltende Hypothese ist. Bereits hundert Jahre früher werden nämlich von den Archäologen Gräber des Stammes gefunden.

In der Zeit unmittelbar vor der Zeitenwende wissen wir nur von ganz wenigen Leichenbestattungen, was derzeit nicht zu erklären ist. Eine davon ist in Traunstein nachgewiesen. Es handelt sich um ein zwischen 120 und 60 vor Christus angelegtes Frauengrab. Bestattet wird die Tote mit Blickrichtung zur aufgehenden Sonne.

Gerade die Ost-West-Orientierung ist typisch für

die Bestattungen in dieser Periode der Latènezeit. Inbesondere bei den Ausgrabungen auf dem Dürrnberg bei Hallein macht man für die Zeit von 600 bis 300 vor Christi Geburt entsprechende Feststellungen.

Keltische Gräber, in denen die Toten mit Blickrichtung zur aufgehenden Sonne bestattet liegen, finden die Archäologen unter anderem noch in Otzing bei Deggendorf und in Weltenburg unterhalb des Michelsberges. Eine seltene Bestattungsart registriert man in der Nähe von Beilngries. Dort wird ein Leichnam mit Blickrichtung nach Süden zur letzten Ruhe gebettet.

Die Ost-West-Orientierung, so typisch sie ist, wird allerdings in den Gräberfeldern nicht exakt eingehalten. Die Archäologen finden in ein und demselben Friedhof oftmals Skelette, deren Kopf mehr nach Südosten oder mehr nach Nordosten gerichtet ist. Das bedeutet, daß sich die Menschen vor und um die Zeitenwende zum Zeitpunkt des Begräbnisses genau nach dem tatsächlichen Sonnenaufgang richten. Da dieser von Jahreszeit zu Jahreszeit verschieden ist, liegt der Schluß nahe, daß Personen, die beispielsweise in Richtung Südosten bestattet werden, im Winter sterben. Diese geringfügigen Abweichungen sind bis in das frühe Mittelalter festzustellen. Aus dieser Zeit sind nach Südosten ausgerichtete Gräber bekannt, denen Nüsse, also Früchte des Spätherbstes, beigegeben sind.

»Die schwere Schlacht« vom Jahre 15

Kult, Kultur und Kunst der Kelten in Bayern dürfen nicht darüber hinwegtäuschen, daß es sich um ein kriegerisches Volk handelt, das seine Nachbarn oft genug in Angst und Schrecken versetzt.

Die Nachrichten über die letzte Auseinandersetzung der keltischen mit der römischen Welt vor Christi Geburt stammen zwar alle von Südländern, sie sind gewiß auch parteiisch. Aber der Bericht des objektiven und sensiblen Seneca gibt doch einige Gewähr dafür, daß die Römer tatsächlich ihre Nordgrenze als ungesichert betrachten müssen. Die Kelten, so schreibt er, dringen »mitten in den Frieden und mitten in das römische Reich ein«.

Sehr ausführlich widmet sich diesem Thema Strabo. Er berichtet von den Kriegs- und Raubzügen der nördlich der Alpen wohnenden Stämme und »der Grausamkeit dieser Räuberstämme gegen die Italiker«.

»Wenn sie ein Dorf oder eine Stadt erobert haben«, so schreibt er, »so töten sie nicht nur alle wehrhaften Männer, sondern gehen selbst bis zur Ermordung der kleinen Knaben, und auch dabei noch nicht aufhörend, ermorden sie sogar alle schwangeren Frauen, von denen die Wahrsager verkünden, daß diese Frauen einmal Knaben gebären werden«.

Als »so lange schon weithin siegende Scharen« bezeichnete Horaz die in Bayern und in der Nachbarschaft wohnenden Kelten. Sie werden für Rom ein immer größeres Sicherheitsrisiko. Der Kaiser muß handeln. Und es ist ein schwerer Entschluß. Artobriga ist eine grandiose Festung. Auch die anderen Orte, denkt man nur an das auf felsiger Höhe liegende Alkimoenis, sind nicht so ohne weiteres zu nehmen.

Dann weiß man auch um die moderne Waffentechnik und -herstellung der Kelten. Das norische Eisen (»ferrum Noricum«) ist auch den Römern ein ausgesprochener Qualitätsbegriff. Sie importieren es ja selbst. Hergestellt wird es unter anderem auf dem Magdalensberg in der Steiermark. Es ist eine Eisenproduktionsstätte erster Güte. Doch große Eisenschmieden sind auch in Bayern, so bei Manching und bei Kelheim, nachweisbar.

Aus diesen und weiteren Fabriken stammen die vorzüglichsten Schwerter. Sie sind in der Regel bis zu 80 Zentimeter lang, haben scharfe Klingen, sind hiebfest und doch biegsam. Von ebensolcher Qualität sind noch die Lanzen, Schilde und Helme der Kelten.

Das alles ist im Kaiserpalast in Rom bestens bekannt. Doch als dann die Raubzüge der Kelten »in das Italienische Gebiet« immer verheerender werden und »die Römer und römische Bundesgenossen, die durch ihr Land reisen«, überfallen werden, wie Cassius Dio schreibt, faßt man in Rom trotzdem den Entschluß, der Bedrohung endgültig ein Ende zu machen. Ganz Germanien muß römisch werden, entscheidet Kaiser Augustus.

Natürlich wissen die Kelten um das heraufziehende Unheil. Sie sind jedenfalls in höchster Alarmbereitschaft. Nicht von ungefähr enden genau in dieser Zeit die Spuren der Kelten in den meisten großen Festungen, auch in denen Nordbayerns, die die Römer nie betreten. Man sammelt sich somit zum alles entscheidenden Kampf.

Als Nero Claudius Drusus (38-9), der Stiefsohn des Kaisers Augustus, im Jahr 15 vor Christus in der Gegend von Bozen/Brixen mit einem mächtigen Heer erscheint, stellen sich ihm die Vindeliker entgegen. Es kommt zu mehreren Schlachten.

Horaz, der im Kriegsjahr seinen 50. Geburtstag feiern kann, schildert uns ausführlich die weiteren Ereignisse. »Wie ein Reh, das die üppige Weide genießt, einen Löwen erblickt und dem Tod von unbekannten Zähnen entgegensieht, so erblickten am Fuß der rätischen Alpen die Vindeliker den Drusus als Feldherrn.«

Die Feinde aus dem Norden, so schreibt Horaz weiter, erfahren, »was ein regelrecht ausgebildeter Geist, ein Talent, das in glückverheißendem Hause geformt ist, zu leisten vermag, mit welcher Macht des Augustus Vatererbe die jungen Neronen beseelt«.

Nach den Aussagen des römischen Dichters sind die Vindeliker, »die bis dahin unberührt vom Gesetz der Römer sind«, von der Kriegsgewalt des Kaisers und seines Stiefsohnes sehr unangenehm überrascht. Sie tun sich zur Freude des Horaz auch »auf schaurigen Alpengipfeln« äußerst schwer gegen die Legionäre aus dem Süden.

Den Feinden jenseits der Alpen, so meint der römische Historiker Lucius Annäus Florus, der um 100 nach Christus lebt und eine römische Kriegsgeschichte bis zur Zeit des Kaisers Augustus verfaßt, nütze auch ihren Erfahrungen in den Bergen nichts. Wie er schreibt, machen den Kelten »die Alpen Mut, gerade als ob der Krieg die Felsen und Schneehöhen nicht erklimmen könne«.

Doch Drusus besiegt »alle Völker jenes Landstriches, die Breonen, Cennen und Vindeliker und bringt sie zum Frieden«, berichtet weiter der in Afrika geborene Florus. Nach den einzelnen Siegen in den Bergen stößt das römische Heer über den Brenner und dann den Inn entlang nach Bayern vor.

Nach diesen Mißerfolgen der Kelten im »Tridentinischen Gebirge«, so schreibt weiter Cassius Dio, weichen die Nordländer in das von den Römern besetzte Gallien aus und verwüsten es.

Augustus in Rom ist über diese Strategie der keltischen Krieger konsterniert. Sofort schickt er seinen älteren Stiefsohn Tiberius (42 vor Christus – 37 nach Christus) mit starken Truppeneinheiten nach Norden. Cassius Dio berichtet, daß Tiberius zunächst zum Bodensee marschiert, diesen auf bereitstehenden Schiffen überquert und die Feinde »in Schrecken versetzt«.

Daß der römische Feldherr eine Insel im Bodensee zum Stützpunkt ausbaut, schreibt der römische Historiker Velleius Paterculus in seinem 30 nach Christus abgefaßten Werk »Historia Romana«. Nach seiner Schilderung kommt es zu einem erbitterten Seegefecht, das die Römer schließlich für sich entscheiden. Vielleicht ist Lindau jener Inselstützpunkt.

Nach dem Sieg zu Wasser marschiert Tiberius dann mit seinem Heer an einem einzigen Tag zu den Quellen der Donau, schreibt Strabo. Das sind vom

Westufer aus gerechnet sechzig Kilometer – eine geradezu unglaubliche Leistung, wie sie nur ohne schwerfälligen Troß möglich ist.

Jetzt beginnt der entscheidende Krieg in Bayern. Die Brüder aus Rom belagern »viele Städte und Burgen« und besiegen »in offener glücklicher Schlacht die zahlreichen unbändigen und wilden Völkerschaften in ihren überaus schwer zugänglichen Schlupfwinkeln«, wie Velleius Paterculus erklärt.

»Die wilden Räter« sind die ersten, die in dieser zweiten Phase des Krieges niedergerungen werden, berichtet Horaz. Im weiteren Verlauf liefern die Römer nach Darstellung des Dichters »ein großes Schauspiel« und zermürben »die Feinde mit fürchterlicher Vernichtung, so ungefähr, wie auf die ungebändigte Woge der Südwind schlägt, wenn der Chor der Pleiaden die Wolken aufreißt – unermüdlich im Angriff auf die feindlichen Scharen, entschlossen, das wiehernde Roß mitten ins Feuer zu jagen.«

In Rom mag man sich fragen, warum die Kelten, die ja den Vorteil der Defensive haben, nicht schlagkräftiger sind. Man weiß ja von ihrem individuellen Mut und ihrer soliden materiellen Ausrüstung. Bei seiner Analyse der Kriegsereignisse kommt Cassius Dio zu dem Schluß, daß die Feinde aus dem Norden einen entscheidenden taktischen Fehler machen. Sie teilen seiner Darstellung nach ihre Streitkräfte zu sehr auf und verlieren damit erheblich an Schlagkraft, so daß die Römer den einzelnen Stammesaufgeboten »mit leichter Mühe Meister werden«, wie er schreibt.

Zahlreiche keltische Krieger sind wegen der sich einstellenden Niederlagen in der zweiten Phase der Auseinandersetzungen demoralisiert. Sie unterwerfen sich zum Teil, wie Cassius Dio weiter berichtet, und Horaz weiß sogar zu berichten, daß viele Feinde in aussichtsloser Lage Selbstmord begehen.

Am 1. August 15 vor Christus findet dann die große Entscheidungsschlacht statt. Es ist der Geburtstag des Kaisers. Wie man in Rom erfährt, haben sich seine Stiefsöhne in einer »schweren Schlacht« zu bewähren. Der Ort des Geschehens wird in der antiken Literatur nicht genannt.

Der Krieg im Jahre 15

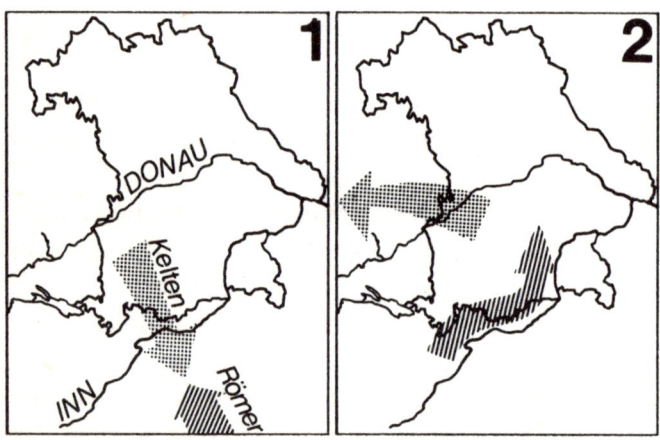

1. Das römische Heer unter Drusus und ein keltisches Heer treffen im Frühjahr zwischen Bozen und Brixen aufeinander. Sieg der Römer.

2. Drusus zieht mit seinem Heer den Inn entlang nach Bayern. Ein keltisches Heer überfällt Gallien.

Vielleicht fällt die Entscheidung in Manching. Dies entspräche durchaus der Logik der römischen Strategie, die stets darauf abzielt, den Krieg durch Eroberung des feindlichen Hauptorts zu entscheiden. Bei den Ausgrabungen, die bisher nur in einem ganz kleinen Teil der Stadtfläche gemacht worden sind, entdeckt man nämlich Skelette von Hunderten von Soldaten. An zahlreichen Schädeln stellt man schwere Hiebverletzungen fest. Da die Knochen Tierbißspuren aufweisen, ist anzunehmen, daß die Leichen nicht bestattet werden. Das deutet alles auf eine schwere Schlacht hin.

Wie das in der Realität aussieht, zeigt uns eine

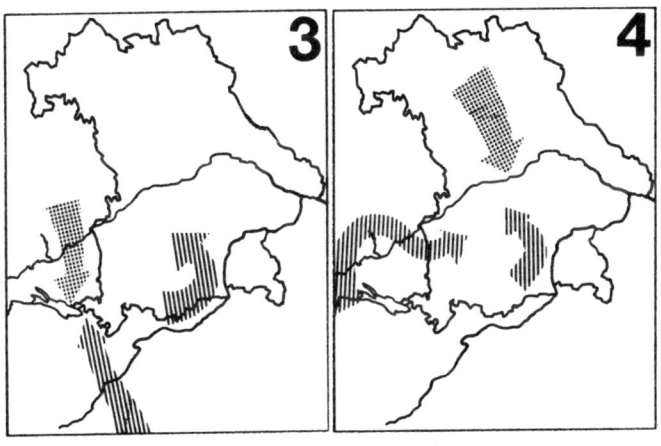

3. Ein zweites römisches Heer unter Tiberius trifft im Frühsommer am Bodensee ein. Das Seegefecht gegen ein keltisches Heer gewinnen die Römer.

4. Tiberius zieht zu den Donauquellen. Die Entscheidungsschlacht am 1. August (wahrscheinlich bei Manching) entscheiden die Römer für sich.

Münze der Boier, die im ersten Jahrhundert vor Christus geprägt und im Land gefunden wird (vgl. Tafel). Man sieht darauf einen gepanzerten Kämpfer am Boden liegen, neben ihm das Schwert. Über ihm ein Raubvogel, der sich über den Leichnam hermacht.

Die Römer siegen also. Horaz feiert darauf den ihm stets gewogenen Kaiser. »Welche Entschlüsse könnten Senat und Bürgerschaft fassen, um durch ehrende Gaben dich, Augustus, und deine Verdienste in Ruhmesurkunden und gedächtnisbewahrenden Fasten für ewige Zeit zu erhalten, wo immer die Sonne über bewohnbare Küsten blickt, du größter der Fürsten?«

Und genüßlich fügt er hinzu, daß zu den Völkern, die das römische Gesetz beachten, jetzt auch jene gehören, »die das Wasser der tiefen Donau trinken«.

Daß Kaiser Augustus die Grenzen des römischen Reiches über die Donau hinausschiebt, freut offensichtlich auch Seneca, der den Sieg über die Feinde als »Befriedigung der Alpenländer« ansieht.

Geradezu überwältigt von den Ereignissen in Bayern ist Strabo, der im Jahr des Sieges der Römer knapp fünfzig Jahre alt ist. 32 Jahre später, im Jahr 17 nach Christus, würdigt er in seinen Büchern das Ende der »ungezügelten Streifereien« der Kelten.

»Ein einziger Sommerfeldzug«, so schreibt er fast wie in einem Zeitungsbericht, habe genügt, um das große Volk nördlich der Alpen zur Räson zu bringen. »Seitdem halten sie Ruhe und bezahlen ordentlich ihre Steuern.«

Über den aktuellen Stand im Land nördlich der Alpen schreibt er schließlich: »Die Frauen sind fruchtbar und sorgsam in der Kinderpflege, die Männer hingegen bessere Krieger als Bauern. Jetzt aber sind sie nach der Niederlegung der Waffen gezwungen, das Feld zu bebauen«.

Von einer Unterwerfung der Kelten spricht auch der römische Gelehrte Plinius Secundus, der rund vierzig Jahre nach der Schlacht geboren wird, in seiner »Naturgeschichte«.

Daß die Römer nach dem Sieg junge Männer nach Süden mitnehmen, wo sie Soldaten und Sklaven werden, berichtet Cassius Dio. Nach seinem Zeugnis ist im Land auch nach der Niederlage des Jahres 15 vor Christus die Gefahr einer Rebellion immer latent. Aus diesem Grunde führen die Römer »den stärksten und größten Teil der jungen (keltischen) Mannschaften aus dem Lande und lassen nur so viele zurück, daß sie im Stand sind, die Äcker zu bebauen, aber unfähig, einen Aufstand zu beginnen«.

An den Triumph der Römer über die Kelten erinnert noch heute ein Denkmal, das »Tropaeum Alpium« von La Turbie, nördlich von Monaco an der Côte d'Azur. Von der Inschrift sind allerdings nur noch Reste erhalten, doch Plinius Secundus überliefert uns den gesamten Text. Er nennt in diesem Zusammenhang vier Stämme der geschlagenen Vindeliker: die Cosuaneten, Rukinaten, Likatier und Catenaten.

Der Sieg über die nördlich der Alpen wohnenden Kelten ist für die antiken Geschichtsschreiber ein wichtiges Ereignis. Die Einigung Europas durch die Römer scheint bevorzustehen.

Zunächst werden die Druiden als die eigentlichen

Träger keltischer Religion und Kultur und damit keltischen Eigenbewußtseins von der römischen Besatzungsmacht mit allen Mitteln bekämpft. Schon Keltenbesieger Tiberius verbietet die Tätigkeit der Druiden, und Plinius Secundus berichtet: »Unter der Regierung des Tiberius werden die Druiden und ähnliche Wahrsager und Ärzte abgeschafft . . . Man kann den Römern nicht genug danken, daß sie dergleichen frevelhafte Gebräuche, welche die Tötung eines Menschen für das heiligste, das Aufzehren derselben aber für das heilsamste halten, aufgehoben haben.«

Kaiser Claudius (10 vor Christus – 54) ist genauso energisch. Er schafft »den Druidenkult mit seiner unmenschlichen Grausamkeit ab«, wie sich der römische Schriftsteller Gaius Sueton ausdrückt.

In Bayern reicht die Macht der Kaiser Tiberius und Claudius allerdings nur bis zur Donau und zum Limes. Weiter im Norden dürfte sich der Druidenkult bei den restlichen Kelten länger halten. Noch in der Agilolfinger-, Karolinger- und Sachsenzeit tauchen in den Urkunden zahlreiche Namen auf, die auf Druiden hinweisen: Drudilo, Drudmunt, Trutmuot, Drudolf, Drudolt, Trutpirc, Trutmann.

Etwa zur gleichen Zeit, als man den Druidenkult unterdrückt, wird das eroberte Land in zwei Provinzen aufgeteilt: in Rätien, das vom Inn bis zum Bodensee reicht, und in Norikum, das sich allerdings vom Inn bis nahe Wien erstreckt.

Dann beginnt man auch mit dem Bau oder Ausbau »einer durch wilde Völkerstämme hindurch angelegten Straße, auf der man leicht vom Schwarzen Meer nach Gallien reisen kann«, wie Au-

166

relius Victor aus Afrika am Ende des vierten Jahrhunderts feststellt. Es entsteht somit ein Straßennetz, das heute noch in Spuren nachweisbar ist. Eine dieser Straßen führt durch Oberföhring, eine andere verläuft am Südrand der Landeshauptstadt.

Natürlich braucht das unterworfene Land auch eine Verwaltungshauptstadt, von der aus die Herrschaft ausgeübt wird. Es ist das »bei den Rätern« der Ort Augsburg, »eine prachtvolle Niederlassung der Provinz«, wie Publius Cornelius Tacitus schreibt.

Daß dieses Augsburg ein römischer Stützpunkt allererster Ordnung ist, beweisen die Funde, die im Stadtteil Oberhausen unmittelbar am Ufer der Wertach kurz vor dem Ersten Weltkrieg gemacht werden. Die Waffen, Werk- und Zaumzeuge, Münzen und Gebrauchsgegenstände stammen noch aus den unmittelbaren Jahren vor Christus.

In den Jahrzehnten um Christi Geburt wird Bayern von Grund auf neu strukturiert. Die Neuorganisation läuft praktisch auf eine Dreiteilung des heutigen Bayern hinaus. Wir wissen nicht, wieviel Kelten sich noch im Norden Bayerns souverän halten können. Offensichtlich haben die Schlachten vom Jahr 15 viel Substanz gekostet.

Die Grenzen nach Norden werden jedenfalls vorerst nicht befestigt. Die Kelten sind so gründlich geschlagen, daß sie sich wohl nicht so schnell erholen und das römische Reich bedrohen werden, das nach Augustus sein Stiefsohn Tiberius, der Keltenbezwinger vom Jahr 15, regiert. Augsburg, Epfach, Auerberg und Kempten sind zunächst wichtige römische Stützpunkte.

Dreiteilung des heutigen Bayern nach dem Jahre 15

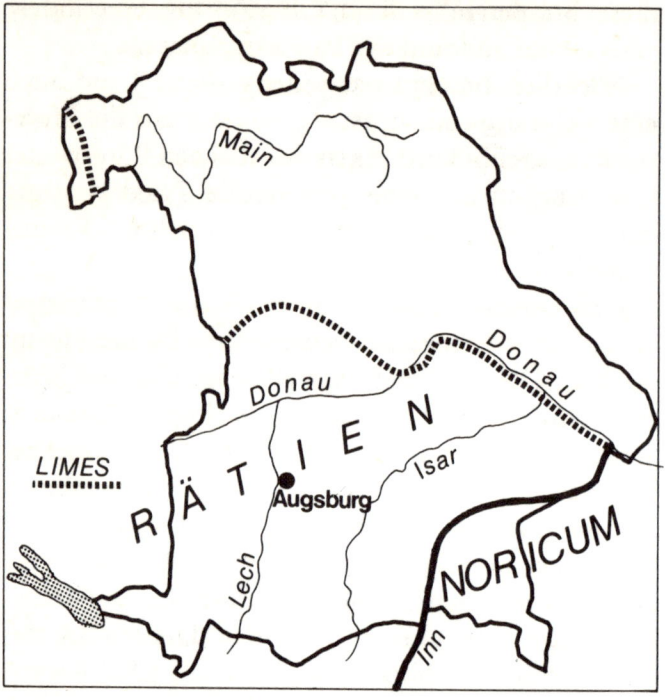

Weitere folgen. In der Mitte des ersten Jahrhunderts nach Christus werden am Südufer der Donau Kastelle in Aislingen bei Dillingen, Oberstimm und Regensburg gebaut. Vor allem Regensburg, am nördlichsten Punkt der Donau, die ab Eining Grenzfluß ist, hat eine wichtige Funktion.

Alle drei Kastellorte spielen auch bereits in der Keltenzeit eine Rolle. Oberstimm liegt nur drei Kilometer von Manching entfernt, in Aislingen werden Keramik und Schmuck aus der Spätlatènezeit gefunden (aufbewahrt im Museum Lauingen), von Regensburg war bereits die Rede.

Erst allmählich erfährt die Nordgrenze eine gewisse Stabilisierung. Unter Kaiser Marcus Ulpius Traian (53-117) entsteht ab Eining der sogenannte Limes, der zunächst aus einem Flechtwerkzaun besteht, wie er auf der 40 Meter hohen, 113 nach Christus errichteten Traiansäule auf dem Forum Traianum in Rom dargestellt ist und bei Gunzenhausen von Archäologen nachgewiesen wird.

Sein Nachfolger, Kaiser Publius Aelius Hadrian (76-138), wandelt diese Sperre schließlich in einen befestigten Grenzwall um. In seinen Kaiserbiographien schreibt der römische Historiker Älius Spartianus, der um 300 lebt: »In jenen Zeiten und auch sonst noch häufig trennte Hadrian die Barbaren in vielen Gegenden, in denen sie nicht durch Flüsse, sondern nur durch einfache Grenzen abgesondert sind, durch große nach Art einer Holzmauer tief in den Boden eingerammte Pfähle, die untereinander verbunden sind«. Diesen Limes erwähnt rund hundert Jahre später noch der in Spanien geborene Kirchenschriftsteller Orosius († nach 418).

Freilich scheinen der Limes und die Donau zumindest im ersten Jahrhundert nach Christus eine sehr durchlässige Grenze zu sein. So berichtet etwa Tacitus von den Hermunduren, die in der heutigen Oberpfalz und darüber hinaus wohnen: »Überall dürfen sie ohne Wachen die Grenze überschreiten; und während wir den übrigen Stämmen nur unsere Waffen und Feldlager zeigen, haben wir ihnen die Häuser und Gutshöfe aufgetan«.

Die Hermunduren sind für Tacitus schon Germanen. Überhaupt zählt er alles, was nördlich der Donau siedelt, zu dieser Völkergruppe. »Germanien insgesamt ist von den Galliern, den Rätern und Pannonien durch die Ströme Rhein und Donau abgegrenzt«, schreibt er. Für Plinius Secundus ist der Main, an dessen Ufer alte Keltensiedlungen liegen, plötzlich »ein Fluß Germaniens«. Über das Schicksal der am Mainufer lebenden Kelten hören wir nichts.

Damit stehen die in Bayern verbleibenden Kelten zwischen zwei Kulturen – der eigenen angestammten und der römischen. Den Ureinwohnern erschließen sich neue Dimensionen einer überlegenen Zivilisation, und die Flexibilität, mit der sie sich diese zu eigen machen, sichert ihnen das Überleben.

Von Süden dringen zahlreiche Wörter hier – wie übrigens auch im besetzten Rheinland – in das Sprachgut der Bewohner. So kommt es, daß Hunderte von lateinischen Wörtern noch heute in der deutschen Sprache fortleben. Insbesondere auf den Gebieten Landwirtschaft, Haushalt, Bau, Recht und Verwaltung vollzieht sich ein Umschwung, der noch in unsere Zeit reicht und die deutsche Sprache genauso prägt wie keltisches und germanisches Wortgut.

Es führt in diesem Rahmen zu weit, alle Wörter aufzulisten, die ihren Ursprung in der lateinischen Sprache haben. Es wäre ein umfangreicher Katalog. Eine kleine Auslese enthält folgende Übersicht:

Arzt – archiater	Butter – Butyrum
Bottich – butica	(Dresch-)flegel – flagellum

Esel – asinus
Fackel – facula
Fenchel – feniculum
Fenster – fenestra
Fieber – febris
Frucht – fructus
Kachel – cacula
Käse – caseus
Kalk – calcem
Kammer – camera
Keller – cellarium
Kelter – calcatura
Kerker – carcerem
Kette – catena
Kiste – cista
kochen – coquere
Kohl – caulis
Korb – corbem
kurz – curtus
Lorbeer – laurus
Markt – mercatus
Mauer – murus

mischen – miscere
Münze – moneta
Pacht – pacta
Pfeiler – pila
Pfirsich – persica
Pflanze – planta
pflücken – pilare
Sack – saccus
Schindel – scindula
schreiben – scribere
Sichel – secula
sicher – securus
Socke – soccus
stopfen – stuppare
Straße – via strata
Trichter – traiectorium
Wall – vallum
Wein – vinum
Winzer – vinitor
Ziegel – tegula
Zoll – teloneum

Speziell im Bayerischen hat sich darüber hinaus noch eine Fülle von römischen Wörtern erhalten, die in der deutschen Hochsprache nicht oder kaum mehr zu finden sind. In diesem Zusammenhang ist das Brötchen zu nennen, in Bayern Semmel (lateinisch simila = feines Weizenmehl) genannt und das halbe Kilo, das Pfund (lateinisch pondo).

Die Bewohner des Allgäus sagen zu den Mädchen bis in unsere Tage Föhla (lateinisch filia = Tochter). In Niederbayern hat heute noch jedes Bauernhaus eine Gred (lateinisch gradus = Stufe) vor der Haustür. Zur Hefe sagt man Germ (lateinisch germ = Keim).

Beim Führen eines Pferde- oder Ochsengespanns sagt der Bauer des Gäubodens noch in den fünfziger Jahren »via« (lateinisch via = Straße, Marsch), wenn es sich in Bewegung setzen, und »wister« (lateinisch sinistra = links), wenn es sich nach links wenden soll.

Die Stammesfrage

Wie geht es nach dem Sieg der Römer mit den Kelten weiter? Zunächst scheinen beide Partner gut miteinander auszukommen. Wir wissen von zahlreichen Begegnungen inner- und außerhalb der Bevölkerungs- und Verwaltungszentren. So wohnt und arbeitet man gemeinsam in den Vororten der Kastelle, um die Soldaten mit Genußmitteln, Geschmeide und Gebrauchsgegenständen zu versorgen.

Weiter stehen Kolonialherren und Kelten gemeinsam in der Produktion. Noch lange nach Christi Geburt formen sie auf der Töpferscheibe ihre zum Teil sehr schönen Waren. Die Stempel der Töpferei in Westerndorf bei Rosenheim zeigen neben römischen Herstellernamen auch keltische.

Wie groß die Toleranz, aber auch die Gemeinsamkeiten im religösen Bereich sind, zeigt das Beispiel Kempten. Dort werden bis zum Alemanneneinfall im Jahr 259 nach Christus keltische Gottheiten in 18 steinernen Tempeln verehrt. Daneben steht nur ein einziger Tempel, der von der römischen Garnison benutzt wird. Ein Weihestein aus dem Kastell Pförring bei Ingolstadt (ausgestellt in der Prähistorischen Staatssammlung München), wird von den dortigen Reitern unter ihrem Präfekten Aelius Bassianus römischen und keltischen Gottheiten zugleich gewidmet.

Im vierten Jahrhundert setzt dann die Christianisierung ein. Wichtigstes Ereignis ist das Mailänder

Toleranzedikt vom Jahr 313, das den Weg zum Christentum freigibt.

Die Kelten sind also präsent. Sind sie aber, beziehungsweise der keltische Stamm der Boier, die Keimzelle des bayerischen Volkes? Eine Frage, die die Wissenschaft bis heute beschäftigt!

Während schon die Historiker im 16. Jahrhundert die Bayern für keltische Boier halten, wird diese Feststellung im 18. Jahrhundert erstmals bezweifelt. »Muthmassungen, daß die Boioarii nicht von den Gallischen Boiis, sondern von den Langobardis abstammen«, verfaßt 1777 der Regensburger Plato-Wild.

Doch diese Ansicht stößt sofort auf energischen Widerstand. Noch im selben Jahr gibt in München der Historiker Einzinger eine »Prüfung über die Muthmaßungen, daß die Bojoarii nicht von den gallischen Boier abstammen« heraus und widerlegt den Regensburger in allen Punkten. Er verweist dabei unter anderem auf die antiken Schriften.

Und als Ende 1777 Kurfürst Max III. Josef stirbt, heißt es in einem anonymem Münchner Nachruf über die Bayern: »Liebste Jünglinge und meine Mitbürger! deren Adern das edle Blut der tapfern Bojen durchfließt«.

Im 19. Jahrhundert hört man dann verstärkt die These von der Einwanderung der Bayern aus Böhmen um 550. Und sie hält sich bis nach dem Zweiten Weltkrieg. »Um 535 wanderten die Bajuwaren unter ihrem Herzogsgeschlecht der Agilolfinger . . . ein«, schreibt beispielsweise 1965 der Regensburger Historiker Max Piendl. Im Spindlerschen »Handbuch der Bayerischen Geschichte« liest man zwar aus der Feder von Kurt Reindel, daß man von einer Einwanderung abkommen müsse, gleichwohl werde heute »eine unmittelbare Abstammung von den namengebenden keltischen Bojern . . . nicht mehr ernsthaft erörtert«.

Ganz anderer Meinung ist Karl Bosl. 1971 schreibt er in seiner »Bayerischen Geschichte«: »Baio(v)arii, Boiovarii sind Boier (Kelten)«. Die Einwanderungsthese »ist deshalb eine Legende, weil sich kein einziger Beleg dafür beibringen läßt, nicht einmal ein archäologischer«.

Ende 1983 erklärt Bosl aber aufgrund philologischer Vorarbeiten in einem Vortrag (gedruckt im »Münchner Stadtanzeiger« 20. und 24. Januar 1984), der Name Bayern gehe »auf den protoladinischen Landschafts-, beziehungsweise römischen Verwaltungsbezirksnamen Pagus Juvavensis = Pagoivaro, den späteren Salzburggau zurück«. Bosl betont aber auch: »Wer es noch besser weiß, findet meine Gefolgschaft«.

Friedrich Prinz meldet gleichzeitig seine Bedenken gegen diese Theorie an. Pagus Juvavensis und Baiern sind für ihn zwei völlig verschiedene Begriffe. Das könne man aus den Salzburger »Brevis notitiae« (zweite Hälfte des achten Jahrhunderts) entnehmen. Dort sei gleich im ersten Kapitel einerseits von »Baiuvarii«, dem »dux Baiuvariorum« (Herzog der Bayern) und der »regio Baiovariorum« die Rede, andererseits aber auch vom »Pagus Juvavensis« (Salzburggau).

Wer immer sich zum Thema Stammesfrage zu Wort meldet, muß sich mit den Quellentexten, die vor allem über die Boier vorliegen, mit den archäologischen Erkenntnissen und dem keltischen Erbe auseinandersetzen.

Zunächst ein paar Hinweise, daß die Boier tatsächlich in Bayern präsent sind:

– Die erste Darstellung verdanken wir Strabo. Nach seiner Auskunft sind die Vindeliker die Nachbarn der Boier. Ausdrücklich heißt es dann, daß die Boier in der daran anschließenden Ebene (also nicht im Gebirge) zu Hause sind.

– Ein zweiter Hinweis stammt von Tacitus, der in seinem Buch »Germania« kurz und präzise die Verhältnisse nördlich der Alpen vor und um Christi Geburt schildert: »Sie wohnen zwischen dem Hercynischen Bergland (= deutsches Mittelgebirge) sowie Rhein und Main die Helvetier, weiter ostwärts die Boier, beides gallische (= keltische) Stämme«. Weiter erzählt der römische Historiker, daß es zu seiner Zeit zwar den Namen »Boihaemum«noch gibt, doch stellt er auch unmißverständlich fest, daß »die heutigen Bewohner keine Boier mehr sind«. An anderer Stelle berichtet Tacitus, aus diesem »Boihaemum« seien lange vor seiner Zeit die Boier von den Markomannen vertrieben worden.

– Die Bodenfunde bestätigen, was Tacitus und Strabo schreiben. Münzen der Boier, die in Böhmen gefunden werden, datieren spätestens ins erste vorchristliche Jahrhundert. Danach gibt es im Siedlungsgebiet um Prag keine Kelten mehr.

– Eine Scherbe, die erst vor kurzem in Manching gefunden wird, ist mit dem Wort »Boios« beschriftet.

– Einen Hinweis, daß die Boier nach der Wanderung aus dem böhmischen Kessel westwärts siedeln, liefert Ptolemäus. Er nennt zwei Orte, für die die Boier als Namensgeber in Frage kommen. Die bekannteste Siedlung ist Boiodurum, Befestigung der Boier, die Vorstadt von Passau. In Norikum taucht ein Name Poidicum auf.

– Ein in Weißenburg gefundenes Militärdiplom, das 107 der Boier Mogetissa (»Mogetissae comatulli F. Boio«) erhält, weist darauf hin, daß Boier in Bayern noch 122 Jahre nach dem großen römischen Sieg wohnen.

– Sogar höchste militärische Ränge nehmen Angehörige der keltischen Oberschicht des Landes im römischen Heer ein. 278 begegnet uns ein »Dux« (= Oberbefehlshaber) des Limes in Rätien namens Boius. 15 Jahre später bekleidet diese Stelle ein Bonus, ebenfalls ein Boier. Daß die Kelten mit der Zeit in die höheren und höchsten Gesellschaftsschichten eindringen können, verraten zudem Grabsteine, die auch Symbole für Rang und Sozialprestige sind. Unter anderem erscheint auf einem Regensburger Epitaph um 200 der keltische Frauenname Diveca. Caeser erwähnt in seinem »Gallischen Krieg« ähnlich klingende Keltennamen wie Divico und Diviciacus.

– Um 624 sagt der Abt Jonas von Bobbio, daß »die Boier jetzt Baiern genannt werden« (»Boiae, qui nunc Baioarii vocantur«).

– In der Lex Ripuaria, dem Reichsgesetz der frühen Franken, werden die Baiern ebenfalls Boier genannt.

– Last not least heißen die altbayerischen Flüsse genauso wie die Gewässer, an deren Ufern die Boier im Laufe ihrer langen Geschichte nachweislich wohnen (Isar, Laber, Inn usw; siehe Kapitel Flüsse mit keltischen Namen).

Gerade die Tatsache, daß sich die keltischen Bezeichnungen der Flüsse bis in unsere Gegenwart halten, läßt darauf schließen, daß in ihrer Umgebung unabhängig von regionalen Stammesverschiebungen ständig ein und dieselbe Volks- und Kulturgruppe wohnt. Eine vollständige Abwanderung oder Verdrängung bei zeitweiliger Verödung des Gebiets hätte den Verlust der keltischen Namen zur Folge.

Damit sind wir beim Thema Kontinuität. Jeder Historiker, der sich mit der Stammesfrage beschäftigt, muß sich nämlich auch mit dem Erbe der Kelten auseinandersetzen. Verschiedene ihrer Riten sind noch in der Agilolfingerzeit nachweisbar, andere bis in die Romanik und einige leben bis in unser Jahrhundert fort. Im folgenden eine kleine Auswahl:

Markantestes Symbol der fernen Keltenzeit ist in Bayern der Maibaum, der am 1. Mai von den Burschen der Dörfer aufgestellt wird und als Zierde eines jeden bayerischen Ortes gilt. Seine historische Wurzel hat der Maibaum, wie bereits erwähnt, im Opferbaum der Kelten (Gundestrupkessel, Kultstätte Holzhausen).

Hand in Hand mit der Aufrichtung des Maibaumes haben sich allerlei alte Bräuche erhalten. In vielen Orten laufen am frühen Morgen des ersten Maitages die Frauen auf das Feld und schlagen in der Luft mit Sicheln Kreuzzeichen. Vor die Ställe werden umgedrehte Eggen gestellt, damit böse »Hexen« nicht zu den Türen und Tieren gelangen können. In der Oberpfalz vertreiben noch um die

178

Jahrhundertwende die Bauern mit Peitschen und Geschrei die »Hexen«.

»Hexen«, das sind Truder oder Druden, die vor allem in der ersten Mainacht, im Christentum Walburgisnacht (Fest der heiligen Walburga) genannt, überall ihr Unwesen treiben. Sie befallen nach dem Glauben der Bauern Menschen und Pferde. Wer einen Besenstiel vor die Türe stellt, kann die Truder oder Druden verscheuchen, so glaubt man noch 1911 in Hadern in Niederbayern.

Nach der Vorstellung des Volksglaubens treffen sich die Truder oder Druden vor allem auf den Bergen, die schon von den Kelten bewohnt sind. Insbesondere auf der Ehrenbürg, wo eine Walburgiskirche steht, auf dem Staffelberg und Hesselberg vermutet man die nächtlichen Unholde.

Es ist schon ein Phänomen, wie sich die Erinnerung an die mächtigen, menschenopfernden Druiden so lange hält. Eine ähnliche Entwicklung ist übrigens auch in Irland festzustellen. Bei den dortigen Restkelten erscheinen in den Heldensagen die Druiden als Zauberer und Wahrsager.

Bis weit in die Agilolfingerzeit lassen sich in Bayern die rituellen Pferdekopfbestattungen aus keltischer Tradition verfolgen. Um 700 wird ein Pferdekopf in Wielenbach bei Weilheim im Boden vergraben. Pferde, denen vor dem Begräbnis die Köpfe sauber abgetrennt werden, finden wir unter anderem in Regensburg, Freilassing-Salzburghofen, Mindelheim und Dittenheim bei Weißenburg. Die meisten Tiere werden inmitten eines Gräberfeldes verscharrt.

In Bayern erinnert noch ein Ortsname an diesen

keltischen Brauch: das bereits erwähnte Roßhaupten bei Füssen, wo eine Viereckschanze und
Reihengräber nachweisbar sind. Der Ort heißt in
der ältesten Legende des heiligen Magnus »caput
equi« (Pferdekopf).

An den Kopfkult erinnern aber noch andere Orte
wie Thierhaupten und Hundshaupten. Sie stehen
ebenso auf altem Kulturboden wie Hundsrangen in
der Nähe des Schwanberges und Hundsrucken bei
Manching.

Daß das Heidentum noch tief im bayerischen
Volk verwurzelt ist, läßt sich auch aus der Lebensbeschreibung des heiligen Emmeram schließen.
Darin berichtet der Freisinger Bischof und Schriftsteller Arbeo im achten Jahrhundert, daß die Bayern
noch im Jahrhundert zuvor »aus demselben Kelch
(lateinisch calix = Kelch, Topf, Kessel) das Blut
Christi und der Dämonen trinken«. Das heißt, in die
Opfergefäße fließt das Blut von Lebewesen noch genauso wie in der Blütezeit der keltischen Kultur vor
der Zeitenwende.

Symbol des Heidentums schlechthin ist der
Drache, der ja in der keltischen Mythologie die
überragende Rolle spielt. Ihn bekämpfen die favori-
sierten Heiligen Georg, Michael und Margarethe genauso wie der heilige Magnus (um 700 – um 772),
einer der großen bayerischen Heiligen, der das
Evangelium am oberen Lech verkündet.

Schon Generationen vor ihm ist der Drache in der
Kunst ein beliebtes Motiv. Man entdeckt ihn auf
Schmuckstücken und Gebrauchsgegenständen. Unter anderem wird eine Bronzeschnalle mit einem Greifen in einem Männergrab bei Erding gefunden.

Großen Zulauf hat noch im Mittelalter der Drachenstich auf dem Perlachturm in Augsburg, wo das »Duramichele« am Vorabend des Michaeltages (29. September) den Drachen ersticht. Bis ins 18. Jahrhundert werfen die Bauern in Ronsberg im Allgäu am Magnustag Strohsäcke, die wie Drachen aussehen, in ein großes Feuer. »Wurmbrennen« wird dieser Brauch genannt. In diesem Zusammenhang ist schließlich noch der Drachenstich von Furth im Bayerischen Wald zu erwähnen.

Die überragende Rolle spielt der Drache am Portal der Schottenkirche St. Jakob in Regensburg. In den oberen Zonen dieses weltberühmten Portals ist Jesus zusammen mit seinen zwölf Aposteln, im Tympanon Jesus mit dem heiligen Jakobus dem Älteren, dem Kirchenpatron, und einem anderen Heiligen abgebildet.

Der untere Teil des Portals ist ausschließlich dem zu bekriegenden und besiegenden Heidentum der Kelten gewidmet. Auf der rechten Hälfte sieht man eine als Gottheit thronende Person, rechts einen Drachen, links ein wie ein Elefant aussehendes Tier, unter- und oberhalb des Thrones wieder Drachen. Die drei großen, die thronende Gottheit unmittelbar flankierenden Kreaturen schreiten von rechts nach links.

Ebenfalls von rechts nach links bewegt sich der große Drache auf der anderen Hälfte des Portals. Darüber thront eine Frau mit Kind. Es handelt sich höchstwahrscheinlich um die Muttergöttin. Neben ihr sieht man Menschenpaare, darüber Hunde.

Fast genau die gleichen Motive sind auch auf dem keltischen Opferkessel von Grundestrup zu erkennen. Dort sieht man auf einer der Relieftafeln neben zwei Göttern zwei von links nach rechts schreitende Hunde und drei von rechts nach links sich bewegende Drachen.

Auf einer weiteren Tafel sind neben einer Gottheit zwei Elefanten abgebildet, die ebenso zur Mitte gehen wie zwei darunter erkennbare Drachen.

Das romanische Portal von Regensburg, nach Auffassung eines Kunsthistorikers im letzten Jahrhundert »das Kreuz der Kunstforscher«, ist also gedeutet. Die schottischen Mönche, die um 1170 das Portal bauen lassen, dokumentieren somit noch einmal die Grundstrukturen des keltischen Glaubens, der immer noch in den Köpfen der Einwohner spukt. Sie, die wie die Bayern Restkelten sind, kennen das Heidentum mit seinen Symbolen aus ihrer Heimat sehr gut. Dem Volk, das ja großteils aus Analphabeten besteht, wollen sie mit dem Portal vor Augen führen, daß das Christentum den heidnischen Göttern überlegen ist.

Die ganze Auseinandersetzung zwischen Gott und dem Drachen, zwischen Christen- und Heidentum setzt sich schließlich bis in die Barockära fort, in der sie sich in der Predigtdramaturgie widerspiegelt. So weist Clemens von Burghausen (1693-1731), einer der wortgewaltigsten Kanzelredner Kurbayerns, dem heidnischen König Herodes den »blutdurstigen Drach« als Attribut zu. Ganz allgemein verkündet Clemens: »Von den Drachen sagen die Naturkünder, daß er einen immerwährenden Streit mit dem Elephanten habe, dann weilen der Elephant eine Menge abkühlendes Blut in sich hat, den Drachen aber wegen hitziger Natur ein unersättlicher Blutdurst entzündet, umwickelt er mit seinem Drachenschweif den Elephanten . . .«

Das schottisch-bayerische Werk in Regensburg erinnert aber auch an die Gemeinsamkeiten von Schotten und Bayern, von denen Reiseschriftsteller immer wieder berichten. »In Bayern wurden die schottischen Mitglieder unserer Gesellschaft betroffen über die Identität der Bauerngesichter mit denen im mittleren Schottland«. Das sind beispielsweise die Worte des englischen Journalisten James Lumsden, der 1907 mit einer größeren Gruppe britischer Kollegen im Rahmen einer Deutschlandreise auch nach Bayern kommt.

Schottland, das ist über Jahrhunderte der Widersacher Englands, und auch nach der staatlichen Einigung ein höchst widerspenstiger Teil der britischen Krone. Man denkt an Maria Stuart und Elisabeth I., an Konfessionsstreit und an blutige Auseinandersetzungen bis ins 18. Jahrhundert (Schlacht bei Culloden 1746).

Separatistische Bestrebungen aber sind allen Restkelten eigen. Wie schwer tut sich Paris mit den Bretonen, die von sich ganz offen sagen, sie seien keine Franzosen! Die keltische Sprache lebt nahezu ungebrochen im Nordwesten des Landes weiter, worauf die Bretonen besonders stolz sind.

Ähnliche Probleme haben die Deutschen mit den Bayern. Konflikt reiht sich auch hier an Konflikt, wie die Geschichte zeigt. Man hört schon im Mittelalter von Streit, Kampf und Krieg. Kontroversen zwischen dem Deutschen König beziehungsweise dem Kaiser und dem bayerischen Herzog sind an der Tagesordnung. Bayern verteidigt seine politische Selbständigkeit, seine eigenständige Sprache und Kultur besser und hartnäckiger als die übrigen deutschen Stämme.

Bayerisches Profil im Konzert der Bundesländer ist auch nach dem Zweiten Weltkrieg unverkennbar. Die Entwicklung gipfelt im Sommer 1975 in dem Satz des damaligen Bundesfinanzministers und Hanseaten Hans Apel in einer Fernseh-Talkshow: »Bayern ist für mich Ausland.« Recht hat er!

Dieses letzte Kapitel zeigt, daß die schriftlichen Quellen, die Funde der Archäologen und das Erbe der Kelten beziehungsweise die Gemeinsamkeiten der Restkelten bei der Erörterung der Stammesfrage eine Indizienkette bilden, die nicht außer acht gelassen werden kann.

Und da ist zum Schluß noch an zwei atemberaubende Phänomene zu erinnern, die zum Thema Siedlungskontinuität gehören. Etwa 4000 vor Christus werden bei Tiefenellern bei Bamberg junge Frauen den damals verehrten Göttern geopfert. Die Schädel der Getöteten findet in den fünfziger Jahren der Prähistoriker Otto Kunkel. Da die Bewohner der Gegend zu dem antiken Platz noch heute »Jungfernhöhle« sagen, wird erstmals der Fachwelt und einer breiten Öffentlichkeit klar, welchen Rang geographische Bezeichnungen als Geschichtsquellen haben können. Im Fall Tiefenellern ist das Wissen um die Geschehnisse in der Höhle somit 6000 Jahre tradiert worden (Hermann Dannheimer). Das aber setzt unbedingt Siedlungskontinuität voraus.

Schließlich noch nach Hienheim bei Eining. Dort wird ein Stiergefäß gefunden, das aus der Zeit um

2500 vor Christus stammt. Es ist zunächst nicht anzunehmen, daß es sich um einen kultischen Gegenstand handelt, in dem etwa das Opferblut zusammenfließt, um damit den Stiergott zu ehren.

Doch zu dieser These kann man gelangen, wenn man erfährt, daß die Römer in Hienheim den Mars verehren, jenen Gott, dessen Symbol der Stier ist. Wie wir bereits gesehen haben, ist der Nachfolger des Mars im Christentum der heilige Georg, der schließlich auch der Patron der Hienheimer Kirche ist.

Der Übergang vom Mars zum Georg geht planmäßig vor sich, wie bereits erwähnt. Ein Zufall ist sehr unwahrscheinlich, weil es zu viele Parallelen gibt. Besteht aber ein Zusammenhang mit dem Stiergefäß aus der Zeit vor 4500 Jahren?

Praktisch heißt die Frage, ob der heilige Georg als Kirchenpatron nur das vorläufig letzte überirdische Wesen ist, das in Hienheim in einer fast fünftausend Jahre langen Geschichte zwar unter verschiedenen Namen und mit verschiedener Bedeutung, aber immer unter dem gleichen Symbol verehrt wird. Wie man zu dieser Frage auch stehen mag, nachdenklich macht sie in jedem Fall.

Anhang

Antike Quellen

Ammianus Marcellinus: Das römische Weltreich vor dem Untergang, Zürich/München 1974
Aristoteles: Politik, Leck 1968
Caesar: Der Gallische Krieg, Hamburg 1976
Cassius Dio: Römische Geschichte, Stuttgart 1831 ff
Cicero: De natura deorum, München o. J.
Herodot: Die Bücher der Geschichte, Stuttgart 1978
Horaz: Carmina (Oden) und Epoden, Zürich/München 1981
Iuvenal: Satiren, Stuttgart 1969
Livius: Römische Geschichte, München 1972
Lucanus: Der Bürgerkrieg, Berlin 1978
Lukianus: Wie man Geschichte schreiben soll, München 1965
Marc Aurel: Wege zu sich selbst, Leck 1965
Platon: Sokrates im Gespräch, Frankfurt/Hamburg 1957
Plinius Secundus: Die Naturgeschichte, Leipzig 1880
Plutarch: Große Griechen und Römer, Zürich/Stuttgart 1954 f
Ptolemäus Claudius: Geographie, Berlin 1923
Seneca: Die Kürze des Lebens, München 1976
Sueton: Kaiserbiographien, Augsburg 1961
Strabo: Geographica, Bonn 1957
Strabos Erdbeschreibung, Berlin 1930
Tacitus: Germania, München 1975
Tertullian: Apologeticum – Verteidigung des Christentums, München 1952
Vergil: Hirtengedichte, München 1977

Postantike Quellen

Arbeo: Vita Haimhrammi, München 1953
Clemens von Burghausen: O verdammter Zorn, in: Geistliches Donnerwetter, München 1967
Otloh: Vita Sancti Magni confessioris, Brüssel 1963

Zedler Johann Heinrich: *Großes vollständiges Universal Lexikon Aller Wissenschaften und Künste, Halle/Leipzig 1732 ff*

Wörterbücher

Kluge, Friedrich: Etymologisches Wörterbuch, Berlin 1960
Lexique Breton-Francais et Francais-Breton, 1978
Schmeller Johann Andreas: Bayerisches Wörterbuch, München 1872
Scottish-English, Bristol 1979
Speak Welsh, Cardiff 1977

Sekundärliteratur

Archäologie in Bayern, Pfaffenhofen 1982
Arnold, Hugo: Das römische Heer im bayerischen Rätien, in: Beiträge zur Anthropologie und Urgeschichte Bayerns, 14, München 1901
Arnold, Hugo: Der Auerberg im Allgäu, in: Zeitschrift des Historischen Vereins für Schwaben und Neuburg, 9
Atlas der spätkeltischen Viereckschanzen Bayerns, München 1959
Becker, Carl: Tertullianus Apologeticum, München 1954
Bosl, Karl: Wer sind die Bayern?, in: Münchner Stadtanzeiger 5 und 6, 1984
Braasch, Otto: Viereckschanzen in und um München, in: Archäologisches Jahr in Bayern, München 1983
Bultmann, Rudolf: Das Urchristentum im Rahmen der antiken Religionen, Hamburg 1966
Christensen, Torben: Christus oder Jupiter, Göttingen 1981
Dannheimer, Hermann: Prähistorische Staatssammlung, München 1976
Dannheimer, Hermann/Torbrügge Walter: Vor- und Frühgeschichte im Landkreis Ebersberg, Kallmünz 1961
Daum, Manfred/Kekow, Rudolf: Die Religionen der Völker, Frankfurt/München 1972
Die Kelten in Mitteleuropa, Salzburg 1980
Dietz, Karlheinz/Osterhaus, Udo/Rieckhoff-Pauli, Sabine/Spindler, Konrad: Regensburg zur Römerzeit, Regensburg 1979

187

Eckstein, Michael: Eine römische Meilensäule von Nähermittenhausen, in: Bayerische Vorgeschichts-Blätter 37

Endrich, Peter: Ur- und Frühgeschichte von Würzburg und seiner nächsten Umgebung, Würzburg 1951

Endrich, Peter: Vor- und Frühgeschichte der Stadt und des Landkreises Kitzingen am Main, Würzburg 1952

Festschrift zum 1200jährigen Jubiläum des Heiligen Magnus, Füssen 1950

Frickhinger, Ernst: Latènezeitliche Hausgrundrisse aus dem Ries, in: Bayerische Vorgeschichtsblätter 14

Fundberichte in: Bayerische Vorgeschichts-Blätter 14 ff

Glasenapp, Helmuth von: Die nichtchristlichen Religionen, Frankfurt 1957

Historische Stätten Bayerns, Stuttgart 1965

Historische Stätten Baden-Württembergs, Stuttgart 1980

Kellner, Hans-Jörg: Die Römer in Bayern, München 1972

Krämer, Werner/Schuberg, Franz: Die Ausgrabungen in Manching 1955-1961, Wiesbaden 1970

Latte, Kurt: Römische Religionsgeschichte, München 1960

Lengyel, Lancelot: Das geheime Wissen der Kelten, Freiburg 1976

Lorenz, Thüri/Pescheck, Christian: Eine Merkurstatue aus dem freien Germanien, in: Bayerische Vorgeschichts-Blätter 38

Mackensen, Lutz: Deutsche Etymologie Basel 1977

Maier, Rudolf Albert: Zu keltischen Würfelfunden aus dem Oppidum von Manching, Berlin 1961

Meid, Wolfgang: Indogermanisch und Keltisch, Innsbruck 1968

Melchers, Carlo: Das große Buch der Heiligen, München 1979

Miltner, Franz: Die Ausgrabungen auf dem Kirchbichl von Lavant in Osttirol, in: Jahreshefte des Österreichischen Archäologischen Institutes in Wien 38

Müller-Karpe, Hermann: Das Urnenfeld von Kelheim, Kallmünz 1952

Münchner Neueste Nachrichten, 8.7.1907

Nilsson, Martin: Geschichte der Griechischen Religion, München 1967

Pauli, Ludwig: Keltischer Volksglaube, München 1975

Pescheck, Christian: Vor- und Frühgeschichte Unterfrankens, Würzburg 1975

Piccottini, Gernot/Vetters, Hermann: Führer durch die Ausgrabungen auf dem Magdalensberg, Klagenfurt 1981

Reinecke, Paul: Zu älteren vor- und frühgeschichtlichen Funden aus Mittelfranken, in: Historischer Verein Mittelfranken 54

Sage, Walter: Ausgrabungen an der Toranlage des Römerwalles auf dem Frauenberg oberhalb Weltenburg, in: Jahresbericht der Bayerischen Bodendenkmalpflege 15/16

Schleiermacher, Wilhelm: Cambodunum-Kempten, Bonn 1972

Schwarz, Klaus: Die Ausgrabungen im Niedermünster zu Regensburg, Kallmünz 1971

Schwarz, Klaus: Spätkeltische Viereckschanzen, in: Jahresbericht der Bayerischen Bodendenkmalpflege, 1960

Spahr, Gebhard: Der heilige Magnus, Kempten 1970

Torbrügge, Walter/Uenze, Hans Peter: Bilder zur Vorgeschichte Bayerns, Konstanz 1968

Uenze, Hans Peter: Prähistorische Staatssammlung, München 1978

Vogel: P. M. Vogels Lebensbeschreibung der Heiligen Gottes, Regensburg 1855.

Vollmer: Wörterbuch der Mythologie aller Völker, Stuttgart 1874

Vries, Jan de: Kelten und Germanen, Bern/München 1960

Wagner, Friedrich: Griechische und lateinische Schriftsteller zur antiken Geographie, in: Der Bayerische Vorgeschichtsfreund 1

Waiblinger, Franz Peter: Senecas Naturales Quaestiones, München 1977

Weitnauer, Alfred: Keltisches Erbe in Schwaben und Baiern, Kempten 1961

Werner, Joachim: Spätes Keltentum zwischen Rom und Germanien, München 1979

Zimmer, Heinrich: Indische Mythen und Symbole, Düsseldorf 1972

Register

191

© 1984   ISBN 3-475-52457-0

Dieser Band erscheint in der Reihe »Rosenheimer Raritäten« im Rosenheimer Verlagshaus Alfred Förg GmbH & Co. KG, Rosenheim.
Es wurde gesetzt von Bruno Leingärtner in Nabburg, gedruckt bei der Offsetdruckerei Wagner GmbH in Nördlingen und gebunden bei Hans Klotz in Augsburg.
Den Umschlag gestaltete Ulrich Eichberger in Innsbruck unter Verwendung eines Fotos aus der Prähistorischen Staatssammlung München: Der Stier von Weltenburg. Die Kartenskizzen zeichnete Alfred Beschle, München.
Die Luftbilder der Keltenschanze in München-Langwied (Foto: Otto Braasch) und jener bei Buchendorf (Foto: Landesamt für Denkmalpflege) sind freigegeben von der Regierung von Oberbayern unter Nr. 65 300/9156-82 bzw. Nr. 65 300/8605.